JN059539

プライバシーテックのすべて

入門から活用まで

野村総合研究所

小林慎太郎・芦田萌子・伊藤大紀【編著】

尾張恵美・金山貴泰・小山雄斗・中居捷俊・畠中　翔【著】

中央経済社

はじめに

　「プライバシーテック」とは，Privacy Technologyの略称で，企業が個人情報をはじめとするパーソナルデータを取り扱う際に，適切にプライバシーを保護できるよう支援するための技術やソリューションの総称をいう。

　2010年代後半から，グローバル企業を中心にプライバシーテックの導入が活発化しており，プライバシーテック市場は急速に拡大している。スタートアップも数多く誕生し，中にはここ数年で大きな成長を遂げた企業もある。市場をリードする米ワントラスト（onetrust）は，設立後わずか数年で5,000億円を超える企業価値の評価を受けているほどだ。

　プライバシーテック普及の端緒となったのは，「EU一般データ保護規則」（GDPR：General Data Protection Regulation）で規定された厳しい規律と巨額の制裁金である。米国でもカリフォルニア州をはじめ，GDPRと同等かそれ以上の罰則を伴うプライバシー保護法の制定が相次いでおり，いずれの当局も，違反している企業を次々と摘発して高額の制裁金を科している。このプライバシー保護に関する規制強化の動向は，南米やアジアなど世界各国に拡がっており，コンプライアンスの確保は，グローバルに事業を展開する企業にとって焦眉の課題となっている。

　このため，プライバシーテックに含まれるソリューションのうち，各国の法令が規定するさまざまな規律への対応を確実かつ効率的に行えるようにするマネジメント系のツール（本書では「プライバシーマネジメント支援システム」という。）への需要が高く，急速に普及が進んでいる。プライバシーマネジメント支援システムを導入すれば，自動的にコンプライアンス確保が実現できるというわけではないが，膨大な法令対応のための業務を省力化・高度化するための機能やテンプレートを活用でき

ることは，大きな利点である。

　また，プライバシーテックの領域には，プライバシー保護に役立つ技術を総称するプライバシー強化技術（PETs：Privacy Enhancing Technologies）も含まれる。もともとPETsのほうが，マネジメント系のシステムよりも起源は古く，匿名化をはじめとする個人情報を安全に取り扱うための技術が，データ活用に対するニーズの高まりとともにクローズアップされて発展してきた。PETsを採用することに対する法制度上のメリットが付与されている場合もあり，PETsを採用する企業も徐々に増えている。

　本書では，プライバシーテックをプライバシーマネジメント支援システムとPETsの大きく２つに分類し，「第１部　入門編」において，その全体像を解説し，「第２部　実践編」において，各システムや技術の詳細について解説をしている。プライバシーテックに馴染みのない読者は第１部から，既に，ある程度の知識がある読者は，第２部の特定のシステムや技術を参照する等，各人のニーズに応じて活用いただきたい。本書がプライバシーテックに対する理解を深め，プライバシー保護に取り組むビジネスパーソンの一助となれば幸いである。

　2023年12月

　　　　　　　　　　　　　　　　　　　　著者一同

目　次

はじめに

第1部
入　門　編

第1章　プライバシーテックとは何か？

1　プライバシーマネジメント支援システム ——————— 14
　⑴　なぜプライバシーマネジメント支援システムが求められるのか …… 14
　⑵　ガバナンスの効率化・高度化に活用する ……………………………… 26
　⑶　プライバシーマネジメント支援のための主なシステム ……………… 28

2　プライバシー強化技術（PETs）——————————— 32
　⑴　なぜプライバシー強化技術が注目されているのか ……………………… 32
　⑵　PETsの分類と制度上のメリット ……………………………………… 32
　⑶　主なPETsの概要 ……………………………………………………… 34

第2章　企業の課題感とプライバシーテックへの
　　　　　ニーズ

1　プライバシーガバナンスをめぐる企業の課題認識 ——— 40

2　プライバシーマネジメント支援へのニーズ ——————— 43

3　PETsの認知・関心・利用状況 ——————————— 47

第3章　プライバシーテックの導入方法

1　プライバシーマネジメント支援システムの導入方法 —— 50

　⑴　導入に向けたステップ ………………………………………… 50

　＜検討段階＞　Step 1　現状の整理 …………………………… 51

　＜検討段階＞　Step 2　製品選定 ……………………………… 55

　＜導入段階＞　Step 3　実装 …………………………………… 62

　＜導入段階＞　Step 4　データ移行 …………………………… 62

　＜運用段階＞　Step 5　組織浸透 ……………………………… 63

　＜運用段階＞　Step 6　運用 …………………………………… 63

　⑵　導入にあたっての検討体制・スケジュール ………………… 64

　例1　データマッピングシステムの検討体制 ………………… 64

　例2　Cookie管理システムの検討体制 ……………………… 65

2　PETsの導入方法 ————————————————— 66

　Step 1　要件整理・初期検証 …………………………………… 66

　Step 2　開発・導入 ……………………………………………… 67

　Step 3　本番運用 ………………………………………………… 68

第2部
実　践　編

第4章　プライバシーマネジメント支援システム

○　プライバシーマネジメント支援システムの全体像 —— 70

1　データマッピング ——————————————— 71
　⑴　「データマッピング」およびそのシステム化が求められる理由 ……… 71
　⑵　データマッピングシステムを導入するメリット ………………………… 72
　⑶　データマッピングシステムを利用した業務の流れ …………………… 74
　事例 不動産会社A社──年1回の個人情報管理台帳の棚卸にプライ
　　　　バシーテックを活用 …………………………………………………… 80

2　プライバシー影響評価（PIA） ————————— 82
　⑴　「PIA」およびそのシステム化が求められる理由 ……………………… 82
　⑵　PIAシステムを導入するメリット ……………………………………… 83
　⑶　PIAシステムを利用した業務の流れ …………………………………… 84
　⑷　他システムとの連携 ……………………………………………………… 88
　事例 電機メーカーB社──データマッピングとPIAを連動させたプ
　　　　ライバシープロセスを運用 …………………………………………… 89

3　同意管理 ——————————————————— 92
　【ユニバーサルCMP】
　⑴　ユニバーサルCMPが求められる理由 ………………………………… 92
　⑵　ユニバーサルCMPを導入するメリット ……………………………… 93

(3)　ユニバーサルCMPを利用した業務の流れ ················· 94

(4)　他システムとの連携 ··································· 98

(5)　より高度な利用方法 ································· 100

【Cookie CMP】

(1)　Cookie CMPが求められる理由 ····················· 101

(2)　Cookie CMPを導入するメリット ··················· 102

(3)　Cookie CMPを利用した業務の流れ ················· 104

事例 株式会社ロイヤリティ マーケティング，株式会社プライバシー
　　テック──外部送信規律への対応 ················· 107

4　請求権対応 ──────────────── 111

(1)　「請求権対応」およびそのシステム化が求められる理由 ··········· 111

(2)　請求権対応システムを導入するメリット ············· 112

(3)　請求権対応システムを利用した業務の流れ ··········· 114

(4)　他システムとの連携 ································ 120

コラム ☕ データポータビリティ権とアクセス権 ··············· 123

5　インシデント対応 ──────────── 124

(1)　「インシデント対応」およびそのシステム化が求められる理由 ······ 124

(2)　インシデント対応システムを導入するメリット ········· 125

(3)　インシデント対応システムを利用した業務の流れ ········ 127

(4)　他システムとの連携 ································ 131

(5)　より高度な利用方法 ································ 132

コラム ☕ ランサムウェアによる被害は，漏えい等報告の対象か？ ····· 133

6　ベンダーリスク管理 ──────────── 134

(1)　「ベンダーリスク管理」およびそのシステム化が求められる理由 ·· 134

(2)　ベンダーリスク管理システムを導入するメリット ········ 135

(3)　ベンダーリスク管理システムを利用した業務の流れ ······· 137

⑷　他システムとの連携 ……………………………………………… 141

　　コラム　☕　もう1つのVRM ………………………………………… 142

7　データディスカバリ ―――――――――――――――― 143

⑴　「データディスカバリ」が求められる理由 ……………………… 143

⑵　データディスカバリを導入するメリット ……………………… 143

⑶　データディスカバリを利用した業務の流れ …………………… 144

⑷　他システムとの連携 ……………………………………………… 149

　　コラム　☕　データベースで海外の最新動向を把握 …………………… 150

第5章　プライバシー強化技術（PETs）

○　プライバシー強化技術の全体像 ――――――――――― 153

1　匿名化・匿名加工 ――――――――――――――――― 154

⑴　匿名化・匿名加工とは …………………………………………… 154

⑵　匿名加工情報の作成基準 ………………………………………… 155

⑶　匿名加工に関する技術 …………………………………………… 158

2　仮名化・仮名加工 ――――――――――――――――― 160

⑴　仮名化・仮名加工とは …………………………………………… 160

⑵　仮名加工情報の作成基準 ………………………………………… 162

⑶　仮名加工に関する技術 …………………………………………… 164

　　コラム　☕　「事務局レポート」を知っていますか？ ………………… 165

3　差分プライバシー ――――――――――――――――― 167

⑴　差分プライバシーとは …………………………………………… 167

⑵　差分プライバシーの定義 ………………………………………… 169

(3) セントラル差分プライバシーとローカル差分プライバシー ………… 171

事例　米国国勢調査局──2020年の国勢調査に差分プライバシーを利

用

………………………………………………………………………… 173

事例　あいおいニッセイ同和損害保険株式会社，株式会社LayerX

──差分プライバシーの活用で，個人を特定せず危険運転を分

析 …………………………………………………………………… 175

4　合成データ ─────────────────── 177

(1) 合成データとは …………………………………………………… 177

(2) 合成データに関する技術 ………………………………………… 179

(3) 合成データの事例 ………………………………………………… 181

5　暗号化 ───────────────────── 183

(1) 暗号化とは ………………………………………………………… 183

(2) 暗号化による法令上のメリット ………………………………… 183

6　秘密計算 ─────────────────── 186

(1) 秘密計算とは ……………………………………………………… 186

(2) 秘密計算の種類 …………………………………………………… 188

(3) 実用化に向けた課題と今後の展望 ……………………………… 190

おわりに

第 1 部

入 門 編

第 1 章　プライバシーテックとは何か？ ································ 12

第 2 章　企業の課題感とプライバシーテックへのニーズ ····· 40

第 3 章　プライバシーテックの導入方法 ···························· 50

第1章

プライバシーテックとは何か？

　個人情報をはじめとするパーソナルデータを有効活用するためには，十分なプライバシー保護が欠かせない。これを技術の力で解決するために誕生したのが，プライバシーテックである。

　本書では，プライバシーテックを，パーソナルデータを取り扱う業務の効率化・高度化を目的とする「プライバシーマネジメント支援システム」と，技術的な処理によりパーソナルデータを安全に取り扱うことを目的とする「プライバシー強化技術（PETs）」の2つに大きく分類して解説する（**図表1-1**）。

本書におけるプライバシーテックの分類
- **プライバシーマネジメント支援システム**
  プライバシーガバナンスの効率化・高度化を行うための技術の総称。データマッピングやPIAに代表されるプライバシー保護のための活動をツールで自動化する機能，請求権対応やインシデント対応を自動的に処理・管理する機能等が含まれる。
- **プライバシー強化技術**（PETs：Privacy Enhancing Technologies）
  パーソナルデータの取扱いに際して，プライバシーを保護するための技術の総称。匿名化・仮名化や差分プライバシー，合成データと

図表1−1　プライバシーテックの全体地図

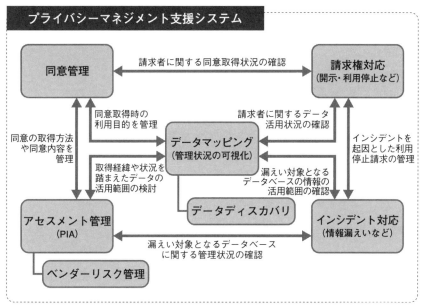

いった非識別化に係る技術や，暗号化に関する技術等が含まれる。

　本章では，プライバシーマネジメント支援システムとプライバシー強化技術（PETs）それぞれについて，その導入が求められる背景を，個人情報保護法や諸外国の動向，企業におけるプライバシーガバナンスの実態を踏まえて解説する。

1　プライバシーマネジメント支援システム

⑴　なぜプライバシーマネジメント支援システムが求められるのか

　データ活用の巧拙が企業の競争力を大きく左右する時代となり，顧客データ等を収益に還元する新しいビジネスが次々に誕生している。こうして個人情報をはじめとするパーソナルデータの活用が加速する一方で，プライバシーに起因する事件が頻発するようになり，プライバシー保護に関する規制が大幅に強化されるようになった。この規制強化は，一過性のものではなく，ICTの技術革新が続く限り，今後長きにわたって続くことが予想される。

　さらに，プライバシー保護に関する規制強化は世界各国で同時進行しており，グローバルに事業を展開する企業にとっては，コンプライアンスの確保が急務である。このため各国の法令が規定するさまざまな規律への対応を確実かつ効率的に行うことのできる仕組み構築が焦眉の課題となっている。

　本節では，グローバルに加速するプライバシー保護法と，日本における炎上事件に着目して，なぜプライバシーマネジメント支援システムが求められるのかについて解説する。

理由その１：グローバルに加速するプライバシー保護

　プライバシー保護の規制強化は，EU（欧州連合）による「EU一般デー
タ保護規則」（GDPR：General Data Protection Regulation）に端を発し，
世界中に伝搬していった。米国ではカリフォルニア州をはじめとする州
レベルにおいて，GDPRと同等か，それ以上の罰則を伴うプライバシー
保護法の制定が相次いでいる。また，アジア近隣諸国においても，プラ
イバシー保護法制が続々と制定・強化されている現状にある。企業のプ
ライバシーガバナンスが求められる最大の理由は，GDPRを起点に加速
する，これらの個人情報・プライバシー保護に関する規制強化に対応す
るためである。

　日本の個人情報保護法の改正に大きな影響をもたらした欧州と米国の
動向を概観し（**図表１－２**），アジア近隣諸国の動向を解説する。

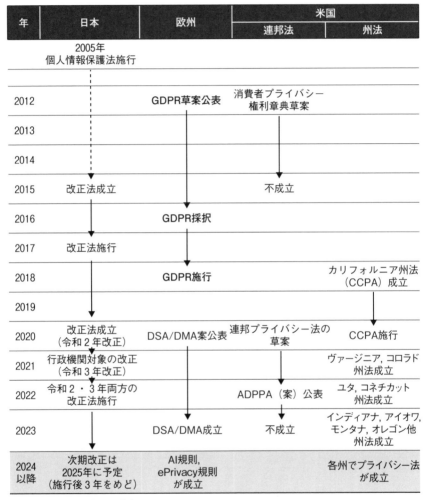

図表1-2 日本・欧州・米国における法規制の動向

年	日本	欧州	米国	
			連邦法	州法
	2005年 個人情報保護法施行			
2012		GDPR草案公表	消費者プライバシー 権利章典草案	
2013				
2014				
2015	改正法成立		不成立	
2016		GDPR採択		
2017	改正法施行			
2018		GDPR施行		カリフォルニア州法 （CCPA）成立
2019				
2020	改正法成立 （令和2年改正）	DSA/DMA案公表	連邦プライバシー法の 草案	CCPA施行
2021	行政機関対象の改正 （令和3年改正）			ヴァージニア, コロラド 州法成立
2022	令和2・3年両方の 改正法施行		ADPPA（案）公表	ユタ, コネチカット 州法成立
2023		DSA/DMA成立	不成立	インディアナ, アイオワ, モンタナ, オレゴン他 州法成立
2024 以降	次期改正は 2025年に予定 （施行後3年をめど）	AI規則, ePrivacy規則 が成立		各州でプライバシー法 が成立

（出所）　各種公開情報より作成

欧州：プライバシー規制強化の震源地

　プライバシー権を重要な人権の１つであるとする欧州では，GDPRの草案を2012年に公表し，プライバシー保護に対する規制強化の世界的な潮流を生み出した。GDPRは個別の規制もさることながら，違反時の制裁金が，「最大で全世界における年間売上高の４％または2,000万ユーロのいずれか高い方」[1]と巨額であること，それがEU域外にも適用されうることが，全世界の事業者を震撼させたのである。

　GDPRにおいて事業者に影響の大きい規定を大きく括ると，ａ）EU域外へのデータ持ち出し制限（越境移転規制），ｂ）プライバシー・バイ・デザイン，ｃ）個人の権利の保障，ｄ）漏えい時の通知の４つに分類される（**図表１−３**）。いずれも手作業を中心とした管理方法では対処しきることが困難な規定ばかりであり，システム活用による業務の効率化，すなわちプライバシーマネジメント支援システムの活用ニーズが生まれたのである。

図表１−３　GDPR（EU一般データ保護規則）の概要（2018年５月25日から施行）

規制のEU域外への適用		違反時の制裁金
ａ）EU域外へのデータ持ち出し制限（越境移転規制） ・EU住民のパーソナルデータは，特別な契約なしにEU域外へ持ち出せない等	**ｃ）個人の権利の保障** ・通知と同意の義務 ・忘れられる権利（消去権） ・データポータビリティ権 ・異議を述べる権利／プロファイリング等の自動化された意思決定に服さない権利等	最大で，全世界における年間売上高の４％または **2,000万ユーロ** のいずれか高い方
ｂ）プライバシー・バイ・デザイン ・個人データ台帳（データマッピング） ・プライバシー影響評価（PIA） ・データ保護責任者（DPO）等	**ｄ）漏えい時の通知義務** ・漏えい発覚後72時間以内に当局へ通知，本人にも速やかに通知等	

1　草案公表時は３％。法案の審議過程で４％に引き上げられた。

　例えば，ａ）EU域外へのデータの持ち出し制限（越境移転規制）に
もれなく対処するには，社内におけるEU域外とのデータ流通をつぶさ
に把握する必要があり，データマッピングの全社大での実施が求められ，
さらに海外のサービスを使っている場合はベンダーの評価が必要となる。
ｂ）プライバシー・バイ・デザインに関する規定では，世界で初めて民
間分野におけるプライバシー影響評価（PIA）が義務化されたため，基
準に該当するデータ処理活動を抽出して，適切なリスク低減策を講じな
ければならない。ｃ）個人の権利の保障については，「同意」の定義が
厳格化されたため，"有効な"同意を取得するためのプロセスや，いつ
でも同意を撤回することのできる仕組みの整備が不可欠となった。また，
忘れられる権利（消去権）やデータポータビリティ権といった請求権も
強化され，増大する請求を裁くための体制の増強が必要である。ｄ）漏
えい時の通知義務では，限られた時間の中で判断して当局に報告して，
本人にも連絡するために，インシデントを適切に検知して担当部門が迅
速に判断できる仕組み構築が求められる。

　EUは，GDPR成立以降，改正こそしていないものの，規定に違反す
る事業者には容赦なく制裁を科しており，該当するデータ処理を停止さ
せたり，数百億円にのぼる制裁金を科したりしている。またEUは，巨
大プラットフォーム事業者を狙い撃ちした「デジタルサービス法」
（DSA：Digital Services Act）や「デジタルマーケット法」（DMA：Dig-
ital Markets Act）を成立させ，通信分野のプライバシー保護ルール
「ePrivacy規則」やAI利用に関するルール「AI規則」の策定作業が進め
られている。

米国：連邦法は成立せずとも州法が乱立

　米国は，伝統的に民間の自主規制を基調とし，包括的なプライバシー
保護法を持たない国であった。しかし，2012年にGDPR草案が公表され

た直後に連邦法として「消費者プライバシー権利章典」の草案を公表し，自主規制を中心に据えたプライバシー保護法の対抗軸を打ち出した。しかし，議会の賛同を得られずに同草案は消滅し，その後も連邦法の議論は出るものの，具体的な法案提出には至らずにいた。

　しかし，ケンブリッジ・アナリティカ事件[2]を契機に，カリフォルニア州において，全米で初めて消費者のプライバシーを包括的に保護する「カリフォルニア州消費者プライバシー法」（CCPA：California Consumer Privacy Act）が2018年に成立し，2020年に施行された。消費者への事前の通知や，事後的にデータの利用停止が容易にできるようにすることを徹底するなど，透明性（Transparency）や公正性（Fairness）を重視しており，本人からの同意取得を基調とするGDPRとは異なるアプローチをとっている。CCPAは文字どおり，カリフォルニア州民のプライバシー保護のための法律ではあるが，IT企業が多数立地するゆえ，その影響は大きく，日本のグローバル企業も対応に追われた。

　このCCPA成立により，堰を切ったように他州においてもプライバシー法制定の動きが活発化し，すると州法の乱立を懸念する民間事業者からの要請もあって，再び連邦法へのニーズが高まり，2022年に米国データプライバシー保護法（ADPPA：American Data Privacy and Protection Act）の案が公表されることになる。ADPPAは，PIA実施やプライバシーオフィサーの設置を義務付ける等，プライバシー・バイ・デザインのコンセプトを取り入れたものであり，罰則も厳しく，GDPRと同等のインパクトが予想された。結局，ADPPAは不成立となり，またもや連邦法制定の取組みは失敗となったが，この間も，州法の制定

2　数千万件にのぼるFacebook（現Meta）の利用者データが，選挙コンサルティング会社ケンブリッジ・アナリティカによって不正に収集・利用された事件。2018年に発覚し，2016年の大統領選挙における有権者の投票行動に影響を与えるためであったのではないかという疑惑が生じて問題となった。

は続き，多くの州法が乱立している。

アジア近隣諸国：各国各様に立法が相次ぐ

　アジアは多様性に富んだ地域であり，EUのように足並みをそろえたルール作りというものはなく，各国がバラバラに取り組んだ結果，各国各様のプライバシー法が制定されて運用されている（**図表1－4**）。
　共通的にみられるのは，越境移転規制はいずれの国も規定しているこ

図表1－4　アジア近隣諸国における法規制の動向

国	個人情報保護法令名	制定・施行・改定年月	DPO	PIA	越境移転	国内保管
フィリピン	Data Privacy Act of 2012	2012年12月施行	○（2023年に義務を強化）	ガイダンスあり	○	―
マレーシア	Personal Data Protection Act 2010	2013年11月施行 2022年8月改正案公表	（法改正の可能性あり）	―	○	―
台湾	Personal Data Protection Act	2010年5月制定・2012年10月施行 2016年3月改正	―	―	○	―
シンガポール	Personal Data Protection Act 2012	2013年1月施行 2021年2月改正	○	ガイドラインあり	○	―
中国	中華人民共和国个人信息保护法	2021年11月施行	○	○要届出	○	○
タイ	Personal Data Protection Act	2019年5月一部施行 2022年6月全面施行	○	―	○	―
インドネシア	Personal Data Protection Law	2022年10月制定・施行	○	○	○	○
オーストラリア	Privacy Act 1988	1989年1月施行 2022年12月改正	―	ガイドラインあり	○	○健康データ
韓国	Personal Information Protection Act	2011年9月施行 2023年2月改正	○	―	○	○金融・医療データ
ベトナム	個人情報保護政令	2023年7月施行	○	○要届出	○	○
インド	Digital Personal Data Protection Act	2023年8月成立	○	○	○	○

（出所）　各種公開情報（2023年8月末時点）より作成

と，PIAの実施やDPOの設置，データの国内保管を義務付ける国が多いことである。中国，ベトナムに至っては，PIAの結果を当局に提出して承認を得ることまで求めており，GDPRよりも厳しい規定となっている。

　また，韓国やオーストラリアといった先進国においても，健康・医療，金融に関するデータの国内保管を求めており，こうした機微性の高いデータに対する規制が今後高まっていくことを予感させる。

　以上述べたとおり，プライバシー保護に係る法改正は，GDPRに端を発して，今や全世界的なトレンドとなっており，今後も短サイクルで繰り返されることが予想される。もはやグローバルに加速するプライバシー保護の潮流にあっては，企業は，法の見直しが常態化することを前提に対策を講じなければならない状況にある。

　すなわち，従来のような手作業を中心とした管理方法では対処しきることが困難であり，システム活用による業務の効率化，すなわちプライバシーマネジメント支援システムの活用が急務となっている。

理由その2：後を絶たない炎上事件

　DXが進展するなかで，ビッグデータ活用が企業の競争力の源泉とみなされるようになった。そして多くの企業がパーソナルデータの活用に乗り出す一方で，プライバシーに起因する炎上事件が頻発するようになっている。

　前項で解説したように，グローバルに進むプライバシー法規制の強化により，今後も個人情報保護法の改正は繰り返されることが予想される。個人情報保護法に潜むグレーゾーンを都合のいいように解釈して，不適切なデータ活用によって炎上事件を起こしてしまうと，企業は謝罪や説明に追われたり，サービス停止に追い込まれたりと，経営責任が問われるほどの深刻な影響を受ける。

＜主な炎上事件＞

- 鉄道の乗降履歴データを匿名化して販売することを公表したところ，利用者の反発を招いて炎上したSuicaデータ販売事件（2013年）
- 学生のウェブ閲覧履歴から推定した「内定辞退率」をユーザー企業に提供していたことが発覚して炎上したリクナビ事件（2019年）
- ユーザーIDに紐づくデータをもとに個人の信用スコアを算定して，外部企業に提供することを公表したところ，識者が疑念を呈して炎上したヤフースコア事件（2019年）
- 中国企業が，メッセージアプリのデータを閲覧できる状況にあることが発覚して炎上したLINE事件（2021年）

　ここで取り上げた4つの事件は，いずれも個人情報保護法の適用が不明瞭な領域，いわゆる「グレーゾーン」において生じたものばかりである。ある意味，事業の担当者としては，法令違反はないだろうとみてデータ活用を進めたところ，社会から思わぬ反発を受けた形である。なお，炎上事件の発生後に法改正が行われ，いずれのグレーゾーンも今では明確に個人情報保護法の適用対象となっている。

経営責任が問われるほど大きな影響がある

　ひとたび炎上事件が発生すると，企業は謝罪や説明に追われたり，サービス停止に追い込まれたり，株価が急落したり，損害賠償責任を問われたりと，経営責任が問われるほどの大きな影響を受ける（**図表1－5**）。

　パーソナルデータ活用を推進する企業にあっては，プライバシー保護は単なるコンプライアンス上の課題ではなく，経営課題として認識しなければならないのである。

図表1-5 プライバシーに係る問題およびその影響

リクナビ	LINE	Yahoo! スコア	Suicaデータ販売
不適正利用・同意取得不備	個人データ管理不備	説明不十分	説明不十分
本人同意なしに内定辞退率をリクナビ掲載企業に提供かつ説明が不十分	中国企業から個人データを必要以上に閲覧可能かつ移転先国明示せず	「Yahoo! スコア」の説明が不十分	Suicaの乗降履歴データを匿名化して外部提供したが説明が不十分

● 消費者の驚き、不安 から 炎上
● 個人情報保護委員会からの指導

プライバシーに係る問題は、**経営責任が問われるほど大きな影響**がある

サービスの停止	謝罪・説明	信頼低下	損害賠償
株価急落	社内体制見直し	ポリシー・規定の見直し	第三者委員会の設置

なぜ炎上事件は起きるのか

　データ活用を進めようとする企業では，複数の事業部門やグループ企業が，それぞれのサービスを通じて収集したパーソナルデータを，集約・統合して利用者1人ひとりのデータをリッチにし，さらに高度な分析を通じてサービスに用いようとしていることが多い。本来，パーソナルデータは取得の経緯や利用目的などとセットで管理しなければならないのに，こうした情報をきちんと管理できていないことが多い。また，たとえ情報が管理されていたとしても，利用にあたって，プライバシーリスクの評価や対処をしていない，そもそもできない企業が多い。そして，消費者の不安や心配をなおざりにしたままデータを活用し，その結果，炎上を招いているのである。

　先に述べたように，炎上事件は，個人情報保護法の適用が不明瞭な領域，いわゆる「グレーゾーン」において生じている（**図表1-6**）。すなわち，個人情報保護法を表面的に守っているだけでは不十分で，プライバシーリスクをきちんと評価して，しかるべき対策を講じておく必要

図表1－6　炎上事件の構造

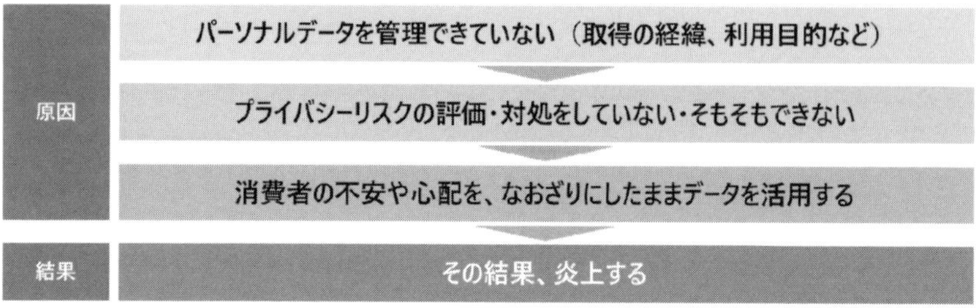

原因	パーソナルデータを管理できていない（取得の経緯、利用目的など）
	プライバシーリスクの評価・対処をしていない・そもそもできない
	消費者の不安や心配を、なおざりにしたままデータを活用する
結果	その結果、炎上する

がある。しかし，こうした対応が不十分なままデータ活用を進めようとしている企業が実に多く，このままでは，今後も炎上事件は後を絶たないものと推察される。

　日本においても，2025年に個人情報保護法の次期改正が予定されている。個人情報保護法をGDPRと照らし合わせると，過去2回の改正によって差異は狭まったとはいえ，依然としてギャップは存在する。東南アジアや南米をはじめ，世界各国で次々に導入・改正される個人情報保護法のほとんどが，GDPRを意識して制定されており，今やGDPRはグローバルスタンダードともいえる存在となったことから，このギャップをもとにすると，次期改正では，プライバシー・バイ・デザインの強化（PIA，体制整備等）が大きな論点となり得ると弊社は予測する（**図表1－7**）。

　プライバシー・バイ・デザインとは，パーソナルデータの取扱いにあたって，発生する可能性があるプライバシー侵害リスクを事前評価し，そのリスクを回避・最小化する取組みである。GDPRでは，プライバシー・バイ・デザインの考え方を取り入れて，データ処理のプライバシーリスクを評価して対策を講じる仕組みであるプライバシー影響評価（PIA）や，第三者的立場でデータの取扱いを監視するデータ保護オフィサー（DPO：Data Protection Officer）の設置等を企業に義務付けてい

図表1－7　次期改正の論点（NRI予測）

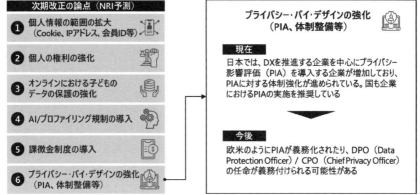

る。米国でも複数の州法においてリスク評価の実施や責任者の設置を義務付ける規定が盛り込まれており，これはアジア近隣諸国において，さらなるバリエーションを伴う形で義務化されている。

　日本においても，データ活用を推進する企業を中心に，プライバシー影響評価（PIA）を導入する企業が増加しており，それに対する体制強化が進められている。個人情報保護委員会も企業におけるPIAの実施を推奨している。どこまで厳格な規定となるかは不明であるが，PIAや体制整備を企業に促すための改正が見込まれる。

　DXを推進していくのであれば，プライバシー保護は経営課題であると認識するところから始める必要がある。そして企業には，パーソナルデータの保護と活用を両立する仕組みが不可欠であり，これは経営者の積極的なコミットなくしては実現することはできない。すなわち，企業のプライバシーガバナンス構築が求められているといえる。

⑵　ガバナンスの効率化・高度化に活用する

　プライバシーマネジメント支援システムはプライバシー保護の効率化・高度化に有効なツールである一方で，システム製品はあくまで業務のサポートを行うツールであるため，プライバシーガバナンスに対する取組みが，ある程度進んだ企業でないと，テックを有効活用できないばかりか，逆に業務を阻害することになりかねないことに留意が必要である。

　では，プライバシーテックをガバナンスの効率化・高度化に活用するために，企業は何をしないといけないだろうか。

　以下に，プライバシー保護対策の成熟度を5段階（①着手段階，②試行段階，③実装段階，④効率化・高度化段階，⑤トラスト確立段階）に分けて，必要な対策を整理した（**図表1－8**）。プライバシーテックの導入により効果を発揮するのは，この中の特に「④効率化・高度化段階」にある企業である。プライバシー保護組織を中心としたプライバシーガバナンスのサイクルが上手く回り始めた企業では，データ活用をしたい事業部からの相談が増加することで，時間的，または人的リソースの限界を迎えることが想像される。このような状況下の企業では，データマッピングやPIAといった管理系の業務をテック製品で自動化することで，手作業の範囲を減らすことができ，それにより空いた時間をきちんと検討すべき案件に割くことが可能となる。

　データを利用するサービスを，本人が便利と感じるか，それとも気持ち悪いと感じるかといったプライバシー感度に関する判断はコンテキストに依存する部分が大きく，テック製品を導入したところで解決できるものではない。利用者のデータを活用することに対してどのように向き合うのかを議論して，適切な対策を講じることのできる体制とプロセスを整備することが先決である。そのうえで規程類の整備やプライバシー

図表1-8　プライバシー対策の成熟度に応じたガバナンス構築ステップの全体像

プライバシー対策の成熟度

	①着手段階	②試行段階	③実装段階	④効率化・高度化段階	⑤トラスト確立段階
企業の課題	・どこに、どのようなパーソナルデータがあって、どのように利用されているのか、きちんと管理できていない ・規程類が整備されていない、又は不十分で法令遵守が危ぶまれる状態	・法令や規程についての理解はあるものの、データ活用にあたって、プライバシー保護をどのように対処すればよいか明確になっていない ・職員が属人的に実施している状態で、対策にばらつきがある	・プライバシー保護の担当はいるものの、一元的に対処する体制にはなっていない ・データ活用と保護のための指針がなく、事業横断的なデータ活用に際して、よって立つものがない	・プライバシー保護組織が機能するのにあわせて、タスクが増大し、現場からの照会対応が増え、手作業での管理では限界が予見される	・プライバシー保護のためのマネジメントの体制が整いつつあるが、それを監視・統制する機能が不足している ・取組みが企業内部に閉じていて、外部から観測することができない
必要な活動	・データマッピングによるデータ資産の把握 ・規程類（ポリシー・ガイドライン等）の整備	・パーソナルデータ活用に際してのプライバシーリスク評価の実施（PIAの導入）	・プライバシー保護組織の設立 ・ステークホルダーとのコミュニケーション ・プライバシー原則／パーソナルデータ憲章の策定	・プライバシーテックの活用 ・専門人材の育成・確保	・内部監査、第三者評価の実施 ・透明性レポートの作成、公表

ガバナンス対策の実装が完了し，業務を効率化・高度化する段階において テックの活用を検討するべきである。

⑶　プライバシーマネジメント支援のための主なシステム

　マネジメント支援のためのソリューションは多岐にわたるため，導入 にあたっては自社のガバナンスの成熟度を踏まえつつ検討を行うことが 重要となる。ここでは，マネジメント支援システムのコア要素（**図表1 －9**）となる「データマッピング」「アセスメント管理」「同意管理」「請 求権対応」「インシデント対応」の5つ，さらにそれらの周辺システム である「ベンダーリスク管理」「データディスカバリ」について，それ ぞれの機能概要を解説する。なお，各機能の詳細な説明や具体的な活用 方法については，**第2部**において詳述する。

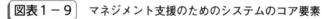

図表1－9　マネジメント支援のためのシステムのコア要素

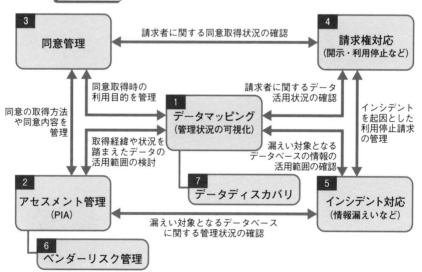

①　データマッピング
―パーソナルデータの取扱い実態を効率よく集約・可視化する

　プライバシー保護を行うためには，まずは「どこに」「どのような」データがあり，それらを「どの業務」で用いているかをきちんと把握する必要がある。データマッピングシステムとは，パーソナルデータを取り扱っている業務やデータベースを棚卸し，データの保管場所や保管方法，データアクセス権者や責任者，第三者提供の有無などの，パーソナルデータの取扱い実態を可視化するためのソリューションである。

②　アセスメント管理（PIA）
―リスク評価の自動化，適切な対策の立案，効果的に講じるための支援
##　　をする

　PIAとは，パーソナルデータを取り扱う製品・サービスの開発や組織の構築といった活動の最初の段階において，プライバシーリスクを評価し，そのリスクを回避・最小化する対策を講じるための取組みである。

図表1-10　データマッピングおよびPIAの一連のプロセスをツール上で実現する

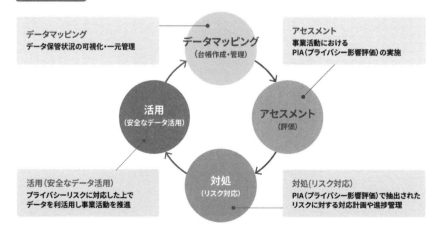

アセスメント管理システムは，これらPIAの実施を効率化するのみならず，データマッピングからPIAという一連のプロセスに活用することで，プロセス全体の効率性向上に寄与する。

③ 同意管理
—（ユニバーサルCMP）同意取得画面の容易な作成，同意状況の一元管理，ユーザーとの双方向のコミュニケーションを実現
—（Cookie CMP）Cookie規制遵守を簡便に実現

　パーソナルデータを高度に活用するためには，利用者から適切に同意を取得できていることが条件となる。同意管理システムとは，パーソナルデータの収集や利用に関して利用者から取得する「同意」を管理するためのソリューションである。同意管理システムは，汎用的な同意を管理するための「ユニバーサルCMP（Consent Management Platform）」とクッキー（Cookie）に関する同意を管理するための「Cookie CMP」の大きく2種類に分けられる。

④ 請求権対応
—本人確認，関係部署への依頼，回答までを迅速に実現

　請求権対応システムとは，データの開示，利用停止，削除といった個人の権利に関する請求を受け付けて効率的に処理するためのソリューションである。受け付けから回答までのプロセスをワークフロー化して，請求者のデータが所在するデータベースの担当部署に照会してデータを集めたり，進捗状況を管理したりする機能を提供する。

⑤ インシデント対応
—緊急対応を迅速・確実に実施

　インシデント対応システムとは，情報漏えいなどのインシデントが生

じた場合の処理を，案件ごとに迅速・確実に処理するためのソリューションである。令和2年度の個人情報保護法の改正によって，漏えいなどが生じた場合，個人情報保護委員会への報告や本人への通知が義務付けられた。報告義務の生じる条件や報告の時間的制限，報告の必要な事項など，配慮すべきことは多く，こうした煩雑で神経を使う作業を，ワークフロー化して進捗管理することを支援する。

⑥　ベンダーリスク管理
―委託先ベンダーを適切かつ効率的に管理し，法令違反や情報漏えいのリスク低減を支援

個人情報保護法では，委託先の監督義務が企業に課せられており，ガイドラインでは，⑴適切な委託先の選定，⑵委託契約の締結，⑶委託先における個人データ取扱い状況の把握，の3つが具体的な実施事項として示されている。ベンダーリスク管理システムでは，⑴〜⑶に確実・効率的に対応するための機能が充実している。

⑦　データディスカバリ
―パーソナルデータを自動で検出して分類する

データディスカバリとは，プライバシーテックの文脈では，データベース全体をスキャンしてDB内に格納されているパーソナルデータを自動で検出し，それが氏名なのか，住所なのかといったデータ種別を自動で分類することができる機能またはそのシステムをいう。

2　プライバシー強化技術（PETs）

⑴　なぜプライバシー強化技術が注目されているのか

　プライバシー強化技術（PETs：Privacy Enhancing Technologies）とは，パーソナルデータの取扱いに際して，プライバシーを保護するための技術の総称である。2000年代後半からスマートフォンやソーシャルメディアが出現し，パーソナルデータが日々大量に生成されるようになると，そうした「ビッグデータ」の活用が，ビジネスの競争優位性に大きな影響を持つようになった。その一方で，データの不適切な取扱いに起因するプライバシー侵害事件も頻発するようになり，データを安全に取り扱うための技術としてPETsが登場し，今なお発展を続けている。

　データの有用性とプライバシー保護とはトレードオフの関係にあり，一般的に，プライバシー保護のためにデータを加工すると，データの有用性は低下する。PETsは，プライバシーを必要なレベルで保護しつつも，データの有用性をできるだけ確保することを目的としており，パーソナルデータ利活用による価値創出の切り札として期待されている。

⑵　PETsの分類と制度上のメリット

　PETsの種類や研究・活用は拡大しており，さまざまな国際機関や諸外国のプライバシー保護当局がPETsの定義や分類をしているが，未だ国際的に標準となる普遍的なものは定まっていない。このため本書では，経済開発協力機構（OECD）の文書[3]による分類を参考にして，主要な

---

[3]　OECD "EMERGING PRIVACY ENHANCING TECHNOLOGIES-CURRENT REGU-LATORY AND POLICY APPROACHES"（2023年3月）

プライバシー強化技術を整理する（**図表1－11**）。

図表1－11　主要なプライバシー強化技術（PETs）

• 制度上のメリット

　プライバシー強化技術の活用により，法令上の義務である各種加工（匿名加工，仮名加工）やデータの秘匿等への対応が容易になること，そしてその結果としてプライバシーリスクを低減，データを最小化しつつデータ活用の幅を広げられることが期待できる。個人情報保護法では，PETsはプライバシー保護に有効であるという認識のもと，その採用を促すために，評価の定まっているPETsの採用に対して制度上の明確なメリットを付与している。例えば，匿名加工であれば，一定の規律のもと，本人同意のない情報の第三者提供を認めたり，暗号化であれば，情報漏えい時の当局への報告を免除したり，といったメリットである。

　企業は，PETsの採用に当たって，その適用範囲と個人情報保護法上のメリットの両方を考慮することが大切である（**図表1－12**）。

図表1-12 PETsの適用範囲と個人情報保護法におけるメリット

凡例: 適用可能な範囲 / 適用可能かつ個情法上のメリットのある範囲

類型	主なPETs	取得・保管	内部利用	第三者提供
個人識別性を低減・除外してデータを取り扱う	匿名加工	・通知・記録なしで取得可	・本人同意なく目的外利用可	・本人同意なく第三者提供可
	仮名加工	・漏えい時の報告義務なし	・本人同意なく目的外利用可	※個情法上は第三者提供不可
	差分プライバシー			
	合成データ			
	ゼロ知識証明			
暗号化してデータを取り扱う	暗号化	・漏えい時の報告義務なし	・漏えい時の報告義務なし	・漏えい時の報告義務なし
	秘密計算			
	信頼できる実行環境			
分散環境でデータを取り扱う	連合学習 Federated Learning			
	分散アナリティクス Distributed Analytics			
説明責任を確保してデータを取り扱う	説明可能システム Accountable System			
	PDS: Personal Data Store			

(3) 主なPETsの概要

　ここでは，主なPETsの概要を紹介する。詳細は本書**第2部「第5章 プライバシー強化技術（PETs)」**を参照されたい。

① 匿名化・匿名加工

　個人情報を加工処理して，特定の個人を識別できないデータにすることを一般に「匿名化」という。匿名化されたデータは，特定の個人との関連性が完全に排除されたものであり，他の情報と組み合わせても，当該データから元の個人を特定することができない状態にあることが求め

られる。一方，「匿名加工」とは，個人情報保護法で定義された用語で，個人情報を匿名加工情報に加工処理することをいい，法定の加工基準がある。また匿名加工後のデータは「匿名加工情報」といい，その取扱いに対して法定の義務が課せられるとともに，本人同意なく第三者へ提供できるといったメリットが付与されている。

②　仮名化・仮名加工

　個人情報を加工処理して，加工後のデータ単体からは特定の個人を識別できないデータにすることを一般に「仮名化」という。仮名化は，名前を英数字に置換する等，個人情報を安全に取り扱うための措置として企業に広く採用されており，加工の方法や加工後のデータの取扱いは任意である。一方，「仮名加工」とは，個人情報保護法で定義された用語で，個人情報を仮名加工情報に加工処理することをいい，法定の加工基準がある。また仮名加工後のデータは「仮名加工情報」といい，その取扱いに対して法定の義務が課せられるとともに，本人同意なく利用目的変更できる，漏えい時の報告義務が免除されるといったメリットが付与されている。

③　差分プライバシー

　差分プライバシーとは，個人データが識別されないようにしながらデータセットから統計的な解析を可能にする手法・概念である。ノイズを加えることで，特定の個人がデータセットに含まれていても含まれていなくても，同じような統計量を出力することで，出力から元のデータセットに含まれる個人を推測困難にすることができる。

　元のデータそのものを暗号化や匿名化等の方法で加工するのではなく，統計値に加工をする方式のため，機械学習と相性が良い。

④ 合成データ

　合成データとは，元データと元データの構造や統計的な特徴を再現するように学習した数式モデルから人工的に生成されるデータをいう。広義には人工的なデータをすべて合成データと呼ぶこともあるが，狭義には元のデータとの構造や，平均や分散・データの相関係数などの統計的な特徴が似ているデータを合成データと呼ぶ。

⑤ ゼロ知識証明

　ゼロ知識証明とは，ある人（証明者）が他の人（検証者）に特定の事柄を証明したいときに，証明者から検証者に対して，証明したい事柄以外の何の知識も伝えることなく事柄を証明する手法である。例えば，自分が20歳以上であることを証明したいときに，免許証等の身分証明書の提示をすると「20歳以上であること」以外にも生年月日や住所が相手に伝わってしまうが，「20歳以上であること」だけを示すことはゼロ知識証明である。

　個人にとっては企業に個人情報を渡さずにすみ，企業にとって取得する個人情報を減らして必要最小限の取得に留めることができるため，双方にメリットがある。

⑥ 暗号化

　暗号化とは，データや情報を他の人が見ても理解されないものに変換することである。通信中のデータを傍受された場合や保管中のデータを参照された場合でも，データが暗号化されているとデータの内容が理解できないものになっているため，データの悪用を防ぎ，機密情報や個人情報を保護することができる。また，暗号化を行うことで法令上のメリットもある。

⑦　秘密計算

　秘密計算とは，データの内容を他者がわからないように秘匿化したまま計算することができる技術の総称である。

　データを秘匿する方法として一般的なものは暗号化であり，従来のセキュリティ技術では，データは通信時と保管時に暗号化していることが多い。しかし，計算処理をするためにはデータを復号する必要があり，復号したデータに対しては，悪意を持った外部からの攻撃や内部犯による，個人情報の漏えいやプライバシー侵害のリスクがある。秘密計算は，データを暗号化したまま計算することができるため，このようなリスクへの有効な対策となる。

⑧　信頼できる実行環境（TEE：Trusted Execution Environment）

　信頼できる実行環境（TEE）とは，ハードウェアのサポートによって，アプリケーションの安全な実行環境を実現するための技術仕様である。OSやソフトウェアを信頼可能であるとみなさず，暗号学的・数理的な安全性の保証をハードウェアのサポートで実現するのがTEEの考え方であり，プライバシーを守る必要があるデータを，デバイス上に安全に保管するスペースを確保する。

　TEEを活用すると，データを秘匿した状態での計算を行うことができるため，前述した「⑦　秘密計算」の分野で活用されている。ArmやIntelなどのハードウェアベンダーは，TEEを実装したハードウェアを提供している。

⑨　連合学習

　連合学習とは，2017年にGoogle社が提唱した機械学習の手法の１つであり，分散された端末やサーバーを持つ複数の参加者でモデルを共有しながら学習を行う手法である。従来の機械学習では，すべての学習用

データを集約してからモデルの学習を行うため，機械学習を行う企業は，個人などの分散した環境からデータを取得する必要があり，個人情報の取得が困難な場合には学習ができなかった。連合学習は，学習用のデータを集約せず，分散した環境ごとに，その環境内でモデルの学習をし，各環境のモデルからパラメータや更新情報のみを受け取って，中央（機械学習を行う企業）のモデルを学習する。分散した環境からデータそのものを取得する必要がないため，個人情報の取得が困難な場合でも，分散した環境で機械学習をすることができるため，プライバシー保護の観点で個人，企業双方にメリットがある。

　Googleは連合学習を，同社が提供するキーボードアプリの性能向上に活用している。アプリの利用者が入力したキーワードの内容と，キーワードアプリが提示した候補を利用者がクリックしたかどうかに関する情報を端末側に保存し，利用者の端末内でモデルの学習を行い，学習結果のみをGoogleのサーバーに送信する仕組みである。利用者が入力したキーワードの内容そのものを端末外に持ち出さないことで，プライバシーへの保護を実現している。

⑩　分散アナリティクス

　分散アナリティクスは，複数のノードに分散して分析を行う方法である。連合学習と似ているが，分散アナリティクスにおけるデータは1つの拠点やサーバーに集中しており，データモデルの学習は異なるノードに分散している。そのため，機密性の高いデータを第三者において分析する場合，データをデータソースの管理下においた状態で分析することができ，またデータの分析者は，連合学習と同様にデータに直接アクセスすることができないため，プライバシーやパーソナルデータを保護することができる。

⑪　説明可能システム

　説明可能システムとは，自身に関するデータが企業にどのように取り扱われているか（収集方法，処理方法，使用時期など）を本人が確認・追跡することができるシステムである。本システムは実用化に至っておらず，試験的な段階であるが，本システムの主な機能や特徴として以下の3点が挙げられる。

- 個人が許可した範囲外で個人データが使われていないことを確認することができる。
- 法規制や規則を説明可能システムに統合し，法規制や規則に対して遵守した使い方をしているかを確認することができる。
- ブロックチェーンなどの分散型台帳技術を利用して記録したデータを改ざんできないようにする。

⑫　パーソナルデータストア（PDS）

　パーソナルデータストアとは，個人が自らのパーソナルデータを保存，管理することができる仕組みである。私たちはサービスを利用する時，サービス提供元の事業者にパーソナルデータを預けており，パーソナルデータを利用するのはサービス提供元の事業者のみである。パーソナルデータストアを利用すると，個人は自身のパーソナルデータを管理し，どの企業にどのようなパーソナルデータを提供するかを自らの意思で選択できるため，プライバシー保護につながる。また，事業者にとってはパーソナルデータを含むデータの業種・業界を超えたデータ流通ができ，事業者の提供するサービス品質向上や新たなサービス提供等につながり，個人へ還元できると期待されている。

第2章

企業の課題感と
プライバシーテックへのニーズ

　前章ではグローバルに加速するプライバシー保護の規制強化や相次ぐ炎上事件が契機となって，プライバシーガバナンスの構築，そしてプライバシーテックの導入が，データ活用を進める企業にとって不可欠なプラクティスであることを説いた。では実際に，日本企業はどこまでこの課題を認識して，行動に移しているのであろうか。

　本章では，プライバシーガバナンスに関する企業の課題認識の実態を大企業と中小企業に分けて概観したうえで，そうした課題を解決する方策として，企業がプライバシーテックのプライバシーマネジメント支援システムに対しどれほどのニーズや期待をもっているかについて推計する。あわせてPETsについては，主な技術ごとに，企業の関心の度合いを整理して解説する。

1　プライバシーガバナンスをめぐる企業の課題認識

　企業がどのようにプライバシーガバナンスに取り組んでいるかを把握するには，個人情報保護法における義務の遵守状況の確認では不十分である。本節では，次に掲げるプライバシーガバナンス構築に不可欠な個々の取組みに分解して，企業の課題認識を把握する。

- データマッピングの運用
- 通知・同意の管理
- プライバシーポリシーの作成・管理
- プライバシー影響評価（PIA）の運用
- 開示請求等の請求権への対応
- 委託先の管理・監督
- 相談体制の整備
- インシデント対応
- データの越境移転の管理

　具体的には，NRI実施の「情報通信サービスに関するアンケート調査（2023）」に基づき，プライバシーガバナンスをめぐる企業の課題について，現在の取組状況と今後の意向を企業規模別に整理した（**図表 2 － 1**）。

　大企業において「今後取り組む必要がある」という回答は，プライバシー影響評価（PIA）が36％と最も高く，次いでインシデント対応が34％，三番目に通知・同意の管理が32％と続いた。中小企業では，全体的に数値は低くなるものの，プライバシー影響評価（PIA）が33％と最も高く，次いでプライバシーポリシーの作成・管理が30％，三番目に通知・同意の管理，インシデント対応の両方が29％と続いた。

　注目されるのは，法定の義務ではないPIAが，法定の通知・同意の管理やインシデント対応を抑えて，最も高くなったことである。それだけ，大企業においては，個人情報保護の枠組みを超えてプライバシーリスクの低減が課題として認識されているということであろう。

　なお全項目を通して，資金力や人的リソースに比較的余裕がある大企業のほうが取組みは進んでおり，取り組む意欲も高い結果となったが，プライバシーポリシーの策定は大企業，中小企業ともに最も多くの企業が課題感をもっている。

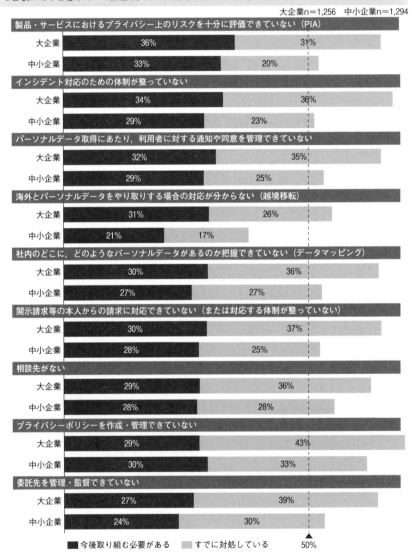

図表2−1　プライバシーガバナンスをめぐる企業の課題認識

Q. パーソナルデータの取り扱いに関する以下の課題について，あなたがお勤めの企業で今後取り組む必要があると感じている課題と，すでに対処されている課題を選択してください。（複数選択可）

大企業n＝1,256　中小企業n＝1,294

製品・サービスにおけるプライバシー上のリスクを十分に評価できていない（PIA）
大企業　36%　31%
中小企業　33%　20%

インシデント対応のための体制が整っていない
大企業　34%　36%
中小企業　29%　23%

パーソナルデータ取得にあたり，利用者に対する通知や同意を管理できていない
大企業　32%　35%
中小企業　29%　25%

海外とパーソナルデータをやり取りする場合の対応が分からない（越境移転）
大企業　31%　26%
中小企業　21%　17%

社内のどこに，どのようなパーソナルデータがあるのか把握できていない（データマッピング）
大企業　30%　36%
中小企業　27%　27%

開示請求等の本人からの請求に対応できていない（または対応する体制が整っていない）
大企業　30%　37%
中小企業　28%　25%

相談先がない
大企業　29%　36%
中小企業　28%　28%

プライバシーポリシーを作成・管理できていない
大企業　29%　43%
中小企業　30%　33%

委託先を管理・監督できていない
大企業　27%　39%
中小企業　24%　30%

■今後取り組む必要がある　　すでに対処している　　50%

（出所）　NRI「情報通信サービスに関するアンケート調査」（2023年7月）

　また同調査では，プライバシー保護強化に向け，企業の約半数が対応の必要性を感じており，大企業では約 6 〜 7 割，中小企業では約 5 〜 6 割（越境移転を除く）がすでに何らかの取組みを始めているか，あるいは今後，取り組む意向を示している。一方，大企業においても 3 割以上が必要性は感じているものの，まだ取り組めていない状況にあることが判明した。

2　プライバシーマネジメント支援へのニーズ

　企業は，前節で見たプライバシーガバナンスの課題をどのように解決しようとしているのか。企業に対し同じアンケート調査の中で，プライバシーテック製品と，専門家（弁護士やコンサル）への相談を含めたコンサルテーションサービス（以下「コンサル」という）のそれぞれについて利用意向を調査した。その結果をもとに，プライバシーテックのマネジメント支援システム製品（以下「テック製品」という）の利活用の現状と期待について説明する。

　アンケート調査では，プライバシーガバナンスに関する企業の課題を解決するためのサービスを，本書で取り上げるテック製品の利用と，コンサルの 2 つに分け，それぞれの利用意向を尋ねた。なお，コンサルには，プライバシー保護を担当する社内組織の設立，プライバシーポリシーや規程類の整備，プライバシーリスクの評価プロセスの整備，開示などの請求やインシデント発生時の対応プロセスの整備，役職員の教育を含む。

　さらにアンケート調査では，プライバシーガバナンスへの投資状況について，現在または 3 年以内の投資予定の有無と，テック製品またはコンサルのいずれを利用するかを調査した。その結果，「すでに投資している」または「3 年以内に投資予定がある」と答えた割合は，大企業で

69％，中小企業で45％であった（**図表２－２**）。前年度実施の調査におい て同様の回答をした割合は，大企業が42％，中小企業が24％であった ことから，規模にかかわらず多くの企業でプライバシーガバナンスへの 関心が高まりつつあるといえる。

図表２－２　プライバシーガバナンスへの投資意向（2023年）

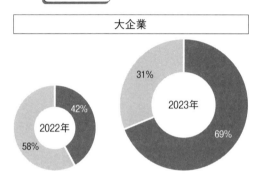

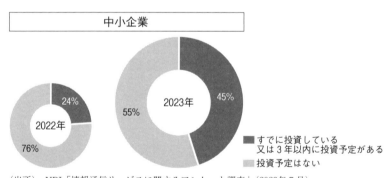

（出所）　NRI「情報通信サービスに関するアンケート調査」（2023年7月）

　また，テック製品やコンサルの一般的な費用を加味し，市場規模の推 計を行った。2023年度時点における企業の市場規模は約1,250億円であ るが，2029年度には約3,000億円に成長すると見込まれる（**図表２－３**）。 2029年にかけて，テック製品とコンサルのいずれもニーズが増加するこ とが予想されるが，これは企業のプライバシーガバナンスへの関心の高

まりが数値にも反映された結果といえる。

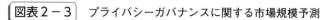

図表2-3　プライバシーガバナンスに関する市場規模予測

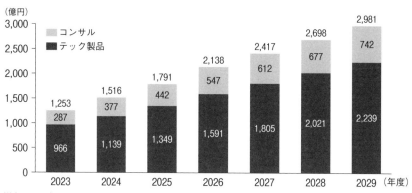

（注）　2023年はNRIによる推計，2024年以降は予測

　市場規模の内訳を見ると，2023年から2029年まで一貫してテック製品の利用が7割以上を占めているが，コンサルの利用がより有効と考えられる場面もあるからだろう。本書の**第2部**では，テック製品の役立つ機能について解説するが，実際に導入したシステムをうまく使いこなすには，事前の業務フローや体制の整備などを進めることが望ましく，これにはコンサルの利用が有用と考えられる。また，テック製品の導入後も，システム自体の運用・保守に加えて，国内外の法令が改正された際には，専門家への相談が有効だろう。

　2023年6月には改正電気通信事業法が施行された。これによりウェブサイトやアプリを運営している企業[1]は，Cookieなどのユーザー情報を

1　ただし，ホームページを運営している企業のうち，各種情報のオンライン提供を除き，自社商品等のオンライン販売や，企業が自己の情報を発信するために運営している場合は，適用対象外となる。

第三者に送信する場合に，その内容を本人に通知・公表する義務を定めた「外部送信規律」が適用される。企業の対応として，ウェブサイトやアプリの中で，情報送信先に関する情報や利用目的などを「容易に知り得る状態に置く」ことが求められる。その他にも，ユーザーからの同意取得やオプトアウトの仕組みの提供も方法として示されており，テック製品の利用を検討している企業は少なくない。

　2018年にGDPRが施行されて以降，世界中でプライバシー保護を強化する法整備が加速している[2]。日本でも，2022年4月に改正個人情報保護法が施行され，本人の請求権の強化やインシデントへの迅速な対応が求められている。さらに，個人情報保護委員会は2022年10月にデータマッピング・ツールキット[3]を公表し，企業が取り扱うデータを部署横断で一元的に整理して，取扱い情報などを可視化する，データマッピングの実施を強く推奨している。

　テック製品のニーズが高まっていると前述したが，直近の法令対応において，請求権対応，インシデント対応，同意管理を実現するシステムを利用することで効率化を期待する企業は少なくないことを示している。さらに，法令から一歩進んだ取組みとしてデータマッピングやPIA[4]を実施するうえでも，テック製品が活用できる。プライバシーガバナンスをめぐる企業の課題感の増大に伴い，あらゆる側面から課題解決を支援する強力な武器としてテック製品の利用を検討する企業は今後も増え続けるだろう。

2　EUではデジタルサービス法が成立し，オンラインプラットフォーム事業者は利用者のプライバシー強化のための更なる取組みが要求された。米国のカリフォルニア州では，カリフォルニア州プライバシー権法（CPRA）が2023年1月に施行され，新設のプライバシー保護の専門組織の下，センシティブな個人情報の取扱い等，より広範囲の企業を対象に対策が求められている。

3　個人情報保護委員会事務局「データマッピング・ツールキット（個人情報保護法関係）」

4　2021年6月に個人情報保護委員会は「PIAの取組の推進について―PIAの意義と実施手順に沿った留意点―」を公表し，企業のPIA実施を推奨している。

3　PETsの認知・関心・利用状況

　一口にPETsといっても，暗号化のように広く普及している技術，差分プライバシーのように一部の企業で先進的に採用されている技術もあれば，秘密計算のように未だ研究段階にある技術もある。PETsの実装状況はさまざまであり，プライバシーマネジメント支援システムほど広く普及する状況には至っていない。このため，市場推計の代わりに，PETsの各技術がどのくらい認知されているのか，関心を持たれているのか，利用されているのかについて，アンケート調査により把握した（**図表2－4**）。

　最も利用されている，または利用が検討されているPETsは「暗号化」であり，全PETsの中でも突出している。その理由として，暗号化は標準化が進んでおり，制度的なメリットも付与されていることが考えられる。しかし，利用割合は高いとはいえず，まだまだ普及の余地があることがわかる。

　二番目に利用されている，または利用が検討されているPETsは「秘密計算」で，特に大企業においてその傾向が顕著である。技術的に発展途上にあり，制度的なメリットがないことに鑑みると，その期待の高さがうかがわれる。

　三番目に認知・利用されているPETsは「匿名・仮名加工」であったが，その利用割合は高いものとはいえない。技術面の研究は進んでおり，制度的なメリットも付与されているものの，ビジネスとして用いるにはもう一段の練度が求められると考えられる。

　「差分プライバシー」と「合成データ」は，同じくらいに認知・関心の度合いが低い結果となったが，匿名・仮名加工との差は大きくなかっ

| 図表2-4 | PETsの認知・検討・利用状況 |

Q. プライバシーを保護しながらパーソナルデータを分析するための技術（プライバシー強化技術）を提供するサービスが登場してきています。あなたがお勤めの企業でパーソナルデータを分析する際に，これらの技術を利用（自社開発・サービス購入を含む）していますか。または今後利用したいと思いますか。

大企業n=1,256　中小企業n=1,294

匿名・仮名加工（データを加工して個人の識別性を低減する技術）

大企業	8%	3%	15%	28%	19%	14%	13%
中小企業	2% 2%	8%	22%	19%	31%		17%

差分プライバシー（匿名加工等によって個人の識別性を低減したデータにノイズを加える等により，データを組み合わせても個人を識別できないようにする技術）

大企業	6%	6%	14%	25%	17%	19%	14%
中小企業	2% 2%	8%	19%	14%	38%		16%

合成データ（元のデータの統計的な特徴を反映しつつ，個人の識別性を低減した分析用のデータセットを生成する技術）

大企業	5%	5%	17%	23%	16%	20%	14%
中小企業	3% 2%	8%	19%	17%	35%		17%

暗号化（元のデータを違う文字列のデータに変換し，解読できない状態にする技術）

大企業	14%	9%	20%	24%	13%	8%	13%
中小企業	5%	5%	12%	25%	19%	18%	16%

秘密計算（データを暗号化したまま計算できる技術）

大企業	8%	7%	18%	22%	13%	16%	16%
中小企業	3%	4%	10%	17%	17%	32%	18%

■ 現在利用している，または利用予定である　■ 聞いたことがあり，関心はあるが，利用の検討はしていない　▨ わからない
■ 利用を検討した結果，利用しないことになった　■ 聞いたことがあるが，関心はない
■ 利用を検討中である　□ 聞いたことはない

（出所）　NRI「情報通信サービスに関するアンケート調査」（2023年7月）

た。

　全体としてみると，PETsを実際に利用している割合は，暗号化を除くと1割にも満たない状況ではあるものの，認知・関心を持っている割合は高く，さらなる技術の進展や制度的なメリット付与によっては，採用の進む可能性は十分にあることが明らかとなった。

第3章

プライバシーテックの導入方法

　ここまで，プライバシーテックが台頭した背景や市場の広がり，導入により期待される効果などについて説明した。では実際にプライバシーテックを自社で導入をしようとする場合，どのようなプロセスで進めるとよいだろうか。

　本章では，テック製品を導入する際の具体的な流れや，導入前・中・後において整備すべき周辺環境について，プライバシーマネジメント支援システムとPETsに分けて説明を行う。

1　プライバシーマネジメント支援システムの導入方法

(1)　導入に向けたステップ

　マネジメント支援のためのシステム導入にあたっては，まずは現在の業務における課題や，効率化・高度化したい事項を整理し，それに合致する製品を選定することが重要である。マネジメントシステムの導入に向けたプロセスについて説明する（**図表3－1**）。

図表3－1　プライバシーマネジメント支援システムの導入プロセス

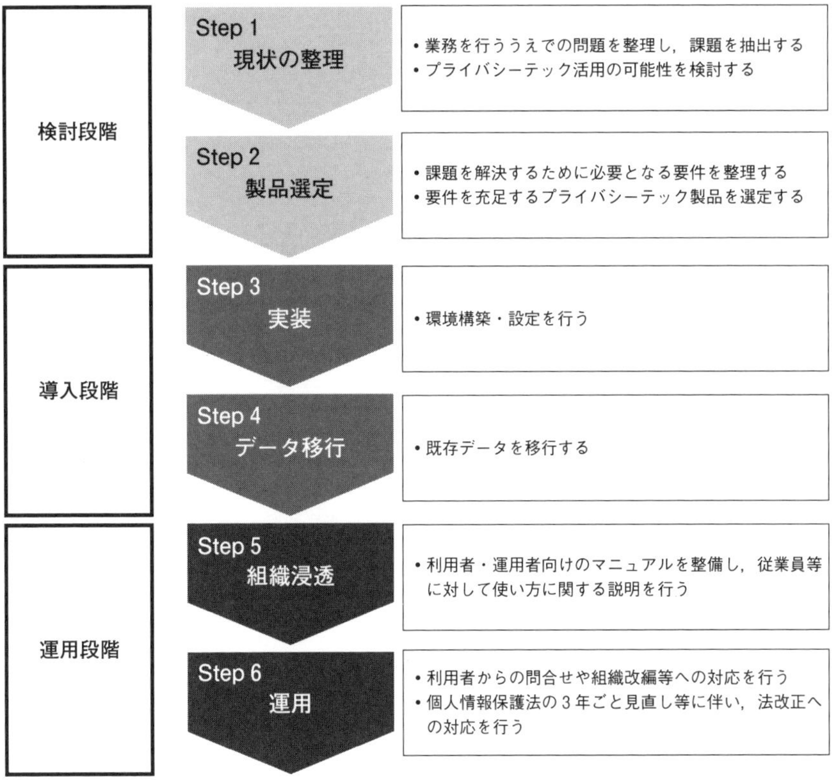

＜検討段階＞　Step 1　現状の整理

業務を行ううえでの問題を整理する

　プライバシーマネジメント支援システムの導入にあたっては，「製品ありき・機能ありき」で導入を考えるべきではない。「業務において困っていること・効率化したいこと」や「テック製品の導入により空いた時間で実施したい業務・時間を割くべき業務」の検討から始め，それらをどういったテック製品を導入することで解決できるかというプロセスを

検討することが何より重要である。前章に述べたとおり，プライバシーテック市場はその重要性や必要性から拡大しており，さまざまな企業から製品が販売されている。数多くの製品から自社に適応する製品を選ぶコツは，自社の課題解決に寄与する製品をいかに選べるかにある。

　例えば，必要なテック機能は企業や部門の特性に応じて異なる。法務部門の場合はデータマッピング機能を用いて個人情報管理台帳を適切に管理すること，また請求権対応機能を用いて開示・削除等請求に迅速，かつ的確に対応できる体制を整えておくことが挙げられる。DX部門においては，顧客データ等のパーソナルデータを含むデータ活用が期待されるなかで，アセスメント管理機能を用いてPIAを実施しリスク対策をきちんと行うことで，保護措置とデータ活用のバランスを取りながらDXを推進することが期待される。社内のリスクを統括する部門の場合は，インシデント管理機能を用いてテック製品上でフローを管理することで，対応の抜け漏れを防止することができるし，広報部門はテック製品を用いてCookie同意管理を実現することでCookieコンプライアンスの導入が可能となる。

　企業や部門の特性や業務上の問題に応じて必要なテック製品・機能は異なるため，まずは，現状の問題を踏まえ，どういったテック製品・機能があると業務を効率化・高度化することができるか検討することが重要となる。

プライバシーテック活用の可能性を検討する

　現状の問題を整理したら，次にプライバシーテックをどのように適用すると効率化・高度化につながるかの検討に着手する。検討にあたっては，現状の業務のフローを整理することが有効である（**図表3-2**）。業務フローの作成では，当該業務に関係する組織をまず洗い出し，それぞれの組織が行っているタスクをできる限り可視化する。業務の流れや

図表3－2　現状の業務フローの整理例（データマッピング）

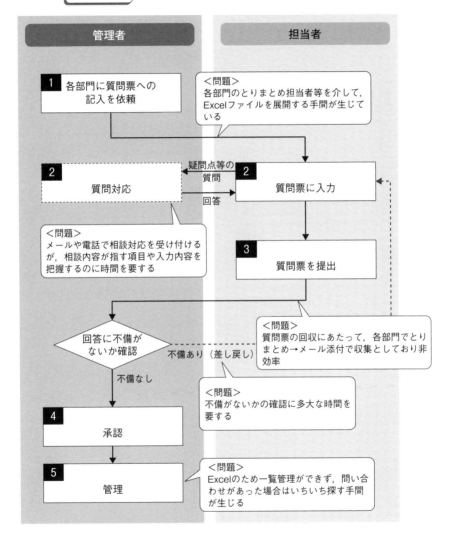

タスクを可視化することで，実態を把握でき，どこに問題があるかがわかりやすくなり，どの部分を効率化できるか，または高度化できるかについて検討しやすくなる。また，ステークホルダーを整理しておくと，

例えばDX部門がデータマッピングを導入する際に，効率化を図るためには現場部門を巻き込む必要があるなど，今後の検討で巻き込むべき対象の整理にもつながる。

　現状のフローの整理にあたっては，関連する社内システム（例えば，Microsoft Entra ID等の社員認証システム）や，ServiceNow等のGRCツール，Confluence等のドキュメント管理ツールを整理しておくことも重要である。テック製品を導入する際には，既存のシステムとの連携方法や，Input/Output情報が変化する可能性があるため，あらかじめ既存の関連システムが整理できていると，これらの検討を漏れなく，スムーズに行うことが可能となるからである。特に，Microsoft Entra IDやOkta等のID管理システムと連携して，SSO（シングルサインオン）やIDプロビジョニング（情報伝達）を行うことは有効である。例えば，権限を設定する等の場合においては，ID管理システムで管理される社員情報や組織情報をIDプロビジョニングすることで，ツール個別にこれらを設定する必要がなくなり，組織改編に伴うテック製品側での改修の手間や人的なミスによる齟齬を防ぐ，また複数のシステムやツールを多重メンテナンスする手間を減らすことが可能となる。またSSOについては，ID管理システムで一元的にユーザー認証を行うことで，ツール個別にユーザーのパスワードを管理する必要がなくなり，ログインしなくてもアクセスが出来る等の利便性が向上する。これらのID管理システムとの連携にあたっては，連携機能や仕様がテック製品によって異なるため，自社の既存システムとの連携可能性についても調査・検討しておくことが望ましい。

＜検討段階＞　Step 2　製品選定

課題を解決するために必要となる要件を整理する

　テック製品を導入する際には，現在の業務フローにそのまま適用するのではなく，テック製品の導入をきっかけに業務フロー自体も見直し，テック製品の効果を最大限に生かすことが望ましい。そのため，製品の選定を行うフェーズにおいては，Step 1 で整理した業務フローをもとに，テック製品導入後の業務フローを考えたうえで，それらを満たす製品を選ぶ。

　ではどのように検討を進めると，現状の課題を解決し，効率化・高度化につながる業務フローを設計できるだろうか。筆者が推奨するのは，テック製品の導入によって「どういう事が出来るようになりたいか」という要件をまず洗い出すことである。これはStep 1 で抽出した課題の裏返しにもなる。

　例えば要件として，Step 1 の**図表3－2**で業務フロー（例）を示したデータマッピングの場合であれば，「複数人が記載内容を閲覧・承認したい」「テック製品上で組織別に管理したい」「いま使っているテンプレートをそのまま適用したい」「ID管理システム等の既存システムと連携したい」等が考えられる。いくつかの要件が出てきたら，それらをより詳細化していく。例として，データマッピングにテック製品を導入する場合の要件の整理を行ったものを示す（**図表3－3**）。要件としては他にも，例えばインシデント対応への導入の場合であれば，特に日本においては速報として3～5日以内に個人情報保護委員会に報告を行うことが義務付けられているため，テック製品上で進捗管理を行えること等が要件として重要になると考えられる。また，請求権対応へのテック製品導入の場合であれば，特にグローバル企業は各国の法令ごとに要件が異なるため，それぞれの法令への対応が可能か（例：開示するデータの

フォーマットはPDF，機械可読形式（CSVなど）の双方が可能か等）
が要件として挙がってくると想定される。

図表3－3 要件整理の例（データマッピング）

	要件	詳細	MUST/BETTER
担当者	• 入力形式を制御できる	• テキスト，単一選択，複数選択，日付など入力形式を制御できる	必須
	• 過去の入力結果を引き継げる（内容の更新が図れる）	• 過去の入力結果を引き継ぎで，更新のみ行うことができる	必須
	• 入力結果に応じて必要な入力内容が増減する	• 入力結果に応じた必要な入力項目の増減を設定（制御）することができる。またそれらの設定は管理者が自由に変更することができる	必須
	• 自分に関係するフォームのみ閲覧・編集することができる	• 権限等を設定することで，自分に関係するフォームのみ閲覧・編集することができる	必須
	• ファイルを添付することができる	• 設問毎にファイルを添付することができる	望ましい
	• 別の入力フォーマットと連携が図れる（画面呼び出し，通番管理等）	• 別の入力フォーマットとの連携を図ることができる（特定の項目に特定の入力値が入力された場合に別フォーマットを起票する等）	望ましい
管理者	• 既存の台帳項目にあわせて入力画面を作成することができる	• 既存の台帳項目にあわせた形で入力画面を作成することができる	必須
	• 随時，入力項目の追加・修正を図ることができる	• 簡便な操作のみで入力項目の追加・修正を行うことができる	必須
	• 回答履歴を確認できる	• 回答履歴が記録され，履歴を確認することができる	必須
	• 入力者，承認者の権限管理ができる	• 入力者，承認者の権限を自由に設定することができる	必須
	• 入力内容の承認機能がある	• 台帳ごとに承認者を設定することができる。また承認者は複数名を設定することができる	必須
	• 入力結果を項目ごとに一覧表示できる	• 一覧表示できる。一覧表示の際，表示する項目をカスタマイズできる	必須
	• 入力結果を集計できる	• ダッシュボードによる可視化ができる。集計（入力値の合算）については台帳（レコード一覧）をExcel形式でエクスポートすることで，Excel上で実施できる	必須
	• 入力項目を追加・修正した場合も，過去データを引き継げる	• 入力項目を追加・修正した場合でも，同一項目の情報は過去データを引き継ぐことができる	望ましい
	• 入力者，承認者への通知機能がある	• メールによる通知ができる。メールの文面はカスタマイズできる	望ましい
	• 入力結果をエクスポートできる	• 一覧表示した内容をExcel・CSV形式でエクスポートすることができる。またレコード毎に入力内容をPDF・Excel形式でエクスポートすることができる	望ましい

要件を充足するプライバシーテック製品を選定する

　必要となる要件が整理できたら，さまざまなテック製品から要件を充足する製品を選定していく。この際，自社が求めるすべての要件を有する製品が存在しないことも想定されるため，あらかじめ要件に「必須（Must）」「望ましい（Better）」等の優先度をつけておくことも一案である。なお，製品によってはPoC環境を提供している場合もあるため，実際に操作をしながら活用イメージを整理することも，製品の選定にあたっては有効である。

　機能面での充足性の確認にあたっては，テック製品導入後のフロー案に照らした場合に当該製品が提供する機能がどの程度充足するかを確認する「Fit & Gap」を実施することが効果的である。ここでは，整理した要件に加えて，例えば帳票として出力できる項目や，メール等の通知タイミングや内容，API連携・認証に関する既存システムとの連携や，ダッシュボード等で閲覧できる内容等の，業務を実際に行うことを想定したうえで具体的にどういった形で実装が可能か，運用でカバーすべき範囲はどの程度なのかといった事項についても調整を行う。

　「Fit & Gap」での主な確認事項を整理する（**図表３－４**）。またいくつかの項目についてポイントを詳述する。

（画面のレイアウト）

　既存のテック製品を利用する場合，ユーザインタフェースに関するカスタマイズができる範囲が限られている，または利用するプランによって範囲が異なるといったことが想定される。例えば，インタフェース上のボタン配置や表示されるコンテンツに，自社が用いないメニュー要素まで含まれる場合に，配置を変更したり不要なコンテンツを表示させないようにしたりする等のカスタマイズが可能か確認を行う必要がある。また，その他にも，カスタマイズが必要となる要素としては，例えばコンテン

| 図表3－4 | Fit & Gapでの主な確認ポイント |

要素	内容	ポイント
基本機能	Step1で整理した「実現したい機能」を実装可能か	―
画面のレイアウト	業務に即した画面のレイアウトを実装可能か	● SaaS製品を適用する場合，ユーザインタフェースはカスタマイズが難しいことが多い ● そのため，どの程度・範囲でカスタマイズが可能なのか（ロゴの変更，用語の変更等）確認する ● ダッシュボード機能を用いる場合は，管理したい項目を表示できるか確認する
帳票のレイアウト	業務に即した帳票のレイアウトを出力可能か	● テック製品によっては，出力できる帳票が限定されていたり，出力方法が決まっている（CSVのみ，PDFのみ等）ことがある ● そのため，業務において必要となる帳票が出力可能か確認する
アクセス権限の設定	データの参照範囲や操作範囲が適切か	● 権限を適切に設定することにより，データの参照範囲や操作範囲を限定する
既存システムとの連携	既存のシステムとの連携が可能か（連携可能なAPI等）	● テック製品は社内の既存システム（Active Directory等の基盤システム）と連携して用いることが想定される ● 製品によって連携できるシステムが異なるため確認する
セキュリティ	セキュリティポリシーを遵守できるか	● 社内の情報セキュリティポリシーを遵守できるか確認する

ツ内においてデフォルトで用いられている文言（メニュー項目や，「入力」「送信」「承認」といった利用者が押下すべきボタンの表現等）が自社内で用いている文言と表現が異なる点の修正や，特に欧米のテック製品を用いる場合には日本語表記がわかりにくい箇所の修正等も挙げられる。

　また，ダッシュボードでの管理を行う場合，ダッシュボードで表示する内容の検討も必要である。業務フロー上，管理すべき項目が管理できるか（例えば，部署毎に管理状況を可視化する，対応の進捗状況を可視

図表３－５　ダッシュボードのイメージ（onetrust社）

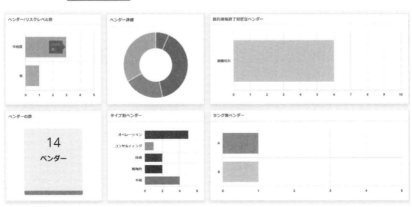

化する等）の確認を行う（**図表３－５**）。

（アクセス権限の設定）

　アクセス権限を適切に設定することにより，データの参照範囲や操作範囲を限定する。このとき，ツールを利用するユーザーの種類と，それぞれのユーザーが有する権限を整理することが，必要以上のデータを閲覧できないようにし，プライバシーを保護するために重要となる。権限区分としては，例えばユーザーを「一般ユーザー／管理ユーザー／システム管理ユーザー」の３種類に分けて，一般ユーザーは「入力」はできるが「承認」や「参照・エクスポート」はできないようにする，管理ユーザーは"自社のデータのみを閲覧できる権限"と，"グループ会社全体のデータを閲覧できる権限"を分けて管理する，等が考えられる（**図表３－６**）。

　これらの権限の整理・付与にあたっては，組織や決裁の構造と合わせておくことで，権限の誤設定によるプライバシーリスクの増大や，権限管理が煩雑となる懸念を防ぐのも一案である。例えば，**図表３－７**に示

図表3－6　権限区分の整理イメージ

権限区分	入力画面				出力画面	
	自社		グループ他社		自社	グループ他社
	入力	承認	入力	承認	参照・エクスポート	参照・エクスポート
1 一般ユーザー	○	―	―	―	△ 自分が作成した データのみ	―
2 管理ユーザー	○	○	―	―	○	―
3 グループ会社 管理ユーザー	○	○	○	○	○	○
4 システム管理ユーザー ♯1～3の権限管理						

図表3－7　組織構造の例

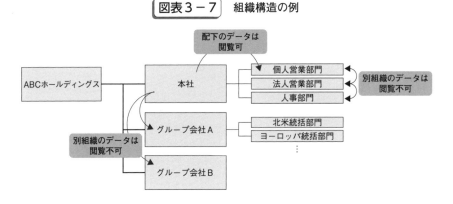

すような組織階層を有する企業においては，「ABCホールディングス」
の本社＞個人営業部門のユーザーは，個人営業部門内のデータを閲覧す
ることができるが，他組織（法人営業部門や人事部門）のデータは閲覧
ができないといったアクセス制御を行うことが考えられる。一方で，構
造を複雑にすることで，環境構築や人事異動等のメンテナンスコストが
増大する場合があるため，自社の状況や"**Step 1　現状の整理**"で作成
した業務フローを踏まえて検討をすることが望ましい。

（非機能要件）

　製品の選定にあたっては，上記のみならず，データセンターの所在地（一般に「リージョン」と呼称される）や情報セキュリティ対策の水準，問合せ窓口の充実度といった非機能要件に関する事項も併せて検討することが必要である。非機能要件について，特に留意すべき点を以下に示す。

- データセンターのリージョンが国内か海外か。海外の場合は現地法に拘束されるので注意が必要である。また海外のリージョンを用いる場合は国内と比較して遅延（レイテンシ）が大きくなり，操作性に影響する可能性がある。

- 社内の情報セキュリティポリシーを遵守できるサービスか。企業によっては端末へのソフトウェアのダウンロードを禁止しているところもある。この場合，Webブラウザ上で利用できるのか確認する必要がある。

- サポート体制は充実しているか。特に国内企業が用いる場合，日本語での問合せ窓口が設置されているかを確認することが望ましい。製品によっては代理店契約を締結している日本企業にサポート業務を依頼することも一案である。

＜検討段階（Step 1・2）＞のチェックポイント

Check!

- ✓「製品ありき・機能ありき」ではなく，現状の業務における課題はなにか？　効率化・高度化できる業務とは何か？　に関する検討から始められているか
- ✓現状の業務フローを整理し，関連する部署やシステムを洗い出せているか
- ✓テック製品導入後の業務フローを想定し，必要・推奨（MUST・BETTER）の要件を整理できているか
- ✓要件の整理にあたっては，セキュリティやリージョンといった非機能要件についても考えられているか

＜導入段階＞　Step 3　実装

環境構築・設定を行う

　実装に向けた準備が整ったら，環境構築・設定に着手する。

　Step 2 で整理・検討した要件に従って実装が完了したら，それらが適切に実装できているかを実際の業務フローに則って，一連の業務が適切に実施可能か確認を行う。また既存システムとの連携を行う場合には，データのやり取り・連携が問題なく行われるかを検証する。

＜導入段階＞　Step 4　データ移行

既存データを移行する

　環境構築が完了したら，既存のシステムに格納されているデータの移行を実施する。例えばデータマッピングについては既存の個人情報管理台帳データの移行，同意管理については取得済みの同意情報データの移行，インシデント管理については過去のインシデント情報の移行等が生じることが想定される。テック製品によってはデータを自動で読み込み，テック製品上に格納ができる場合もあれば，例えば新旧台帳のフォーマットが異なると一部手作業での入力が必要となる場合も想定される。データ移行を必要とする場合は，データの移行をどのような方針で実施するのかを検討し，実装のスケジュールに加味しておく。

＜導入段階（Step 3・4）＞のチェックポイント

Check!
- ✓実際の業務フローを再現し，テック製品上で要件が適切に実装できているか
- ✓データの移行が必要となる場合，移行方法やスケジュールをあらかじめ決めているか

＜運用段階＞　Step 5　組織浸透

利用者・運用者向けのマニュアルを整備し，利用者への説明を行う

　導入したテック製品の運用を開始するにあたっては，利用者や運用者向けのマニュアルを整備する。マニュアルの構成や内容，位置付けは各社の社内規程等に則って検討を行うことが望ましい。

　また，テック製品の導入により現場の業務が大きく変わったり，現場への依頼事項が発生したりすることが想定されるため，テック製品の利用者・運用者に対して説明会を実施し，理解を促す。説明会では，単にシステムの操作方法を説明するだけでなく，テック製品導入の意義やシステム化する業務の意味，業務フローの変更箇所などについて丁寧な説明を行う。この際，個人情報に関する社内セミナーと一体的に運用するといった工夫を行うと，プライバシー全般に関する理解度の向上も期待される。

＜運用段階＞　Step 6　運用

　運用開始後は，テック製品を用いたマネジメント業務を行いつつ，運用業務として利用者からの問合せや組織改編等への対応を行う。また，実際の運用を開始した後に更なる改善点が見つかることも想定されるため，これらについては一定のタイミングにおいて，システムの改修を検討する。

　更に，個人情報保護法の3年ごと見直しに伴い，法改正への対応が必要となることが想定される。法令対応としては，例えばデータマッピングにて評価項目をテンプレートとして導入している場合は，個人情報保護法や各国の個人情報に関する法令の改正に伴い，項目自体を定期的に見直す必要性が生じる。

＜運用段階（Step5・6）＞のチェックポイント

Check!

- ✓ テック製品導入の効果を発揮するためには，利用者や運用者に対して，マニュアルの作成や説明会を通じて，テック製品の利用方法を適切に伝えられているか
- ✓ 運用開始後も，利用者からの問合せ対応を行いつつ，継続的な改善を検討する，また組織改編等を踏まえた見直しを行える体制を整えているか
- ✓ 法改正への対応も適切に実施できる体制を整えているか

⑵　導入にあたっての検討体制・スケジュール

導入にあたっての検討体制は，導入する機能によって異なる。ここでは，データマッピングシステムを導入する場合と，Cookie管理システムを導入する場合の体制について例示する。

例1　データマッピングシステムの検討体制

データマッピングシステムの導入にあたっては，例えばDX部門や法務部門が中心となって導入を検討することが想定される。これらのシステムの関係組織としては，データを入力する現場の担当者や部署内のとりまとめ担当，連携する既存システムを所管する情報システム部門等が挙げられる。また，グループ会社や支店にも導入する企業においては，現状はそれぞれが異なる運用を行っており，システム導入を機に運用を一本化するということも想定される。これらの場合には各グループ会社や支店も関係組織として検討の体制に組み込むことが望ましい。

これらの関係組織の巻き込み方としては，検討段階において現状のフローを整理する際に利用者へのヒアリングを実施し，実態を把握することが挙げられる。実態を見ると，検討の中心となるDX部門や法務部門が把握していない運用が行われている可能性があるからである。それら

の実態を把握していないと，テック製品導入による効果を十分発揮できない懸念がある。また情報システム部門を巻き込んでおき，既存システムとの連携だけではなく，テック製品のセキュリティ対応が社内の規程上問題がないか等を合わせて検討することも有効である。

例2　Cookie管理システムの検討体制

　Cookie管理システムを導入する場合には，一般に企業のWebサイトを管理する広報部門が中心となって導入を検討することが想定される。企業のWebサイトを改修する際は情報システム部門へ，Cookieポリシーの文言変更に関しては法務部門へ，それぞれ照会することが想定される。

　これらの関係組織の巻き込み方としては，検討段階においてWebサイトの改修にあたって留意すべき社内の規程類やルールについて情報システム部門に確認を依頼しておき，導入段階に入ってから齟齬が生じないように認識を合わせておくことや，文言の法的観点での確認を法務部門に依頼しておくこと等が有効である。

導入スケジュール（例）

　導入にあたってのスケジュールについて，データマッピングを導入する場合のイメージを示す（**図表3－8**）。なお，導入するテック製品や，PoCの実施可否，導入する範囲や利用人数等に応じて必要な期間は変わるため，あくまで例として捉えていただきたい。

	1 m	2 m	3 m	4 m	5 m	6 m
検討段階	現状の整理 ・課題の明確化 ・現行の業務フローの整理					
実装段階		製品選定 ・要件の整理 ・製品の選定		実装 ・環境構築・設定	データ移行	
運用段階					マニュアル整備	説明会

図表3-8 スケジュール例（データマッピング）

2　PETsの導入方法

PETsの導入にあたっては，まずはユースケースやデータの性質を踏まえて初期検証を行い，それぞれのケースに応じたアルゴリズムの選定，パラメータの検討を行うことが重要である。PETsの導入に向けたプロセスについて説明する（**図表3-9**）。

Step 1　要件整理・初期検証

PETsは，さまざまな技術で構成されるが，暗号化以外のいずれの技術を適用する場合においても，初期検証が非常に重要となる。例えば秘密計算を利用してシステム実装を行う場合には，適用する秘密計算技術が想定する脅威に対して対応ができるものなのか，検証が必要となる。十分な強度となっていないと，秘密計算の十分な効果が得られない。また他にも，連合学習の場合には，プライバシー強度のチューニングが適

図表3－9　テック製品の導入に向けたプロセス（PETs）

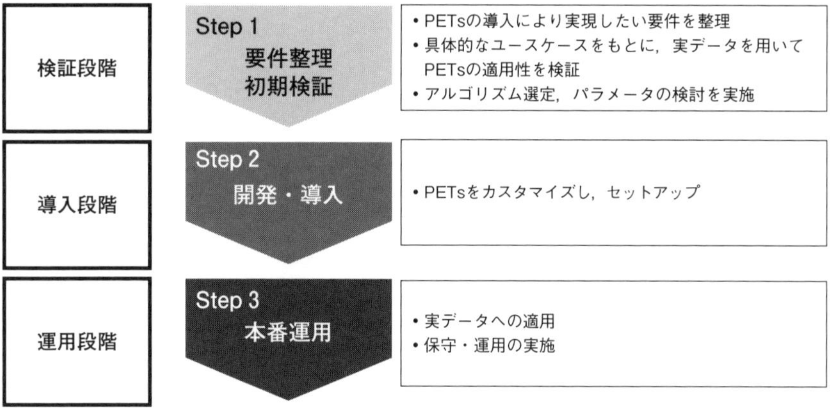

検証段階	**Step 1** 要件整理 初期検証	・PETsの導入により実現したい要件を整理 ・具体的なユースケースをもとに，実データを用いて PETsの適用性を検証 ・アルゴリズム選定，パラメータの検討を実施
導入段階	**Step 2** 開発・導入	・PETsをカスタマイズし，セットアップ
運用段階	**Step 3** 本番運用	・実データへの適用 ・保守・運用の実施

切に行えていないと，許可された以上のプライバシー情報の漏えいにつながる可能性がある。このようにPETsは，それを適用する場面や何に対する対応を行いたいかという点が重要となるため，実データを用いて，実際のユースケース（ニーズ）に対して適用してみる。そのうえでアルゴリズム選定やパラメータの検討を行うことが，有用なPETs導入には不可欠となる。

Step 2　開発・導入

　Step 1にて初期検証が完了したプライバシー強化技術とそのアルゴリズム，パラメータをもとに，実際にPETsの環境構築・実装を行い，環境をセットアップする。

　また，開発・導入フェーズにおいては，ガバナンス体制やルールといった仕組み自体についてもあわせて見直しが必要となる場合がある。これには，環境にアクセスができる権限をもつユーザーの設定や，鍵情報の更新頻度などが挙げられる。

Step 3　本番運用

　導入後は，PETs導入の目的が満たされていることを継続的に確認しながら，改善していく必要がある。例えば，秘密計算を利用しており，求められるデータ処理の時限がある場合，その時限が近くなったことを検知して，コンピューティングリソースを拡張したり処理方式を変更したりすることを検討する等が必要になる。

　さらには，適切な取得・利用・廃棄といったデータのライフサイクルに則ったプロセスを適切に回す仕組みを構築することが求められる。例えば連合学習においては，データのライフサイクルに沿って，適切に学習モデルや学習用データを破棄することが漏えい防止には不可欠であるため，これらの適切・確実な実施のための体制・ルール構築が求められる。

　このように，PETsはただ導入をすれば終わりではなく，それらの技術を適切に使い続けるための運用も同様に重要となるのである。

第 2 部

実 践 編

第4章　プライバシーマネジメント支援システム ·················· 70
第5章　プライバシー強化技術（PETs） ······························· 153

第4章

プライバシーマネジメント支援
システム

○ プライバシーマネジメント支援システムの全体像

　マネジメント支援のためのシステムは多岐にわたるため，導入にあたっては自社のガバナンスの成熟度を踏まえつつ検討を行うことが重要となる。本章では，コアシステムとなる「データマッピング」「アセスメント管理」「同意管理」「請求権対応」「インシデント対応」の5つ，さらにそれらの周辺システムである「ベンダーリスク管理」「データディスカバリ」について，それぞれの機能や具体的な活用方法を解説する。

　これらのシステムはそれぞれ単体でも十分に有効性を発揮するものであるが，システム同士を連携しあうことで，さらに活用の幅を広げることも可能となる。本章では，各システムの説明とあわせて，システムの連携による活用方法も解説する（**図表4－1**）。

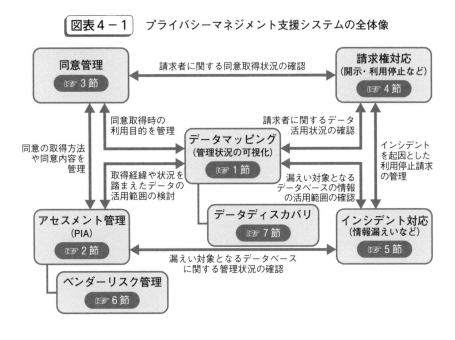

図表4－1　プライバシーマネジメント支援システムの全体像

1　データマッピング

⑴　「データマッピング」およびそのシステム化が求められる理由
　—パーソナルデータの取扱い実態を効率よく集約・可視化する

　データマッピングとは，パーソナルデータを取り扱っている業務やデータベースを棚卸し，「どこに」「どのような」データがあり，それらが「どういった経緯で取得され」「どの業務」で用いられているのか，さらには「データの保管場所や保管方法」，「データの委託先」，「第三者提供の有無」などの，データの取扱い実態を可視化するための一連の業務をいう。

　多くの企業がデータ活用を推進する一方で，どの部門にどのような

データがあるのか，またそれらがどのように活用されているのかを，きちんと整理できていないケースが散見される。また，一見，整理できている企業においても，支社やグループ会社に目を向けると，"見えていない"データの取扱い実態があるのではないだろうか。

　データの取扱い実態が適切に整理・可視化されていないと，誤ったデータ活用をしてしまい，事故を誘発する可能性が高くなる。また，インシデントが生じた際に迅速に対応できない，といった問題が生じる。つまり，プライバシー保護に十分配慮してパーソナルデータを活用するための土台として，データマッピングは欠くことのできない業務なのである。

　その一方で，社内のすべてのデータの取扱い実態を整理するためには，多大な労力を必要とする。そこで活用が期待されるのが，これらの業務を効率化・高度化するデータマッピングシステムである。

⑵　データマッピングシステムを導入するメリット

　個人情報管理台帳を作成している企業では，一般に，年1回，Excelで作成した質問票を現場へ配布し，回収後に集約することで個人情報に係るデータ資産やデータ処理（以下「データ資産等」という）の管理を行っている。この方法は，小規模事業者であれば大した労力をかけず，簡便に実施できるというメリットがある一方で，組織が大きくなると，各部門で記入済みの質問票を集約する手間，それらをメール等で送受信する手間，記載内容に不備があった際には改めて部門のとりまとめ担当等を経由して現場担当者へ依頼・確認する手間，等のデメリットがある。また，記入済み質問票をExcelで管理するのでは，データ資産等を一覧で参照したり，検索したりすることが難しい。また，質問票の配布回収の制約によって，台帳の内容に変更があっても，次に棚卸されるまで古

い内容のままとなってしまう。

　これらの問題を改善するのが，データマッピングシステムである。データマッピングシステムの導入によって得られるメリットは大きく４点ある。

メリット①　質問票の配布〜回収に要する管理コストの削減

　システム上で質問票の配布〜入力〜回収・確認までの一連の流れを完結できるため，Excel等で質問票を配布・回収するのに比べて，手間を大幅に減らすことができる。また，システム上で入力制御（項目ごとに必須／任意入力を設定する，選択肢形式での回答項目を設定する等）が可能となるため，記載漏れや記載不備を防ぐことができる（**図表４－２**）。

図表４－２　質問票のイメージ

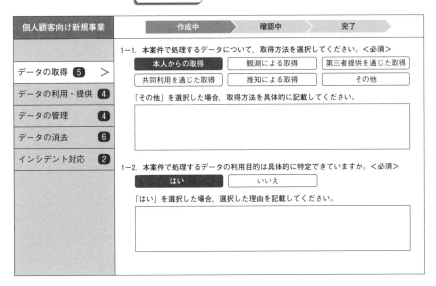

メリット② 過年度情報を引き継ぐことで，効率的に質問票を起票可

　過年度情報を引き継ぐことで，記載内容の更新や，既存のデータ資産等から派生した場合の起票を効率的に行うことができる。

　また，法改正や標準規格の更新などに伴って，台帳で管理する項目の追加や変更を行う場合，システム上であらかじめ過年度の項目との紐づけを行うことが可能であり，同一項目については情報を引き継ぐことができる。

メリット③ 担当者からの問合せ対応の円滑な実施

　システムの質問票への入力画面上で，担当者と管理者間でのコメントのやり取りが可能となる。そのため，質問や問合せに関連する項目や実際の記入内容を正確に把握したうえで問合せ対応を行うことができる。また，各データ資産等と一体的に，過去のやり取りを記録として残しておくことにより，議論の繰り返しを回避したり，担当者の変更による引継ぎを容易にしたりできる。

メリット④ データ資産等の一元的な管理により，データ検索性・正確性の確保に貢献

　システム上で入力内容を管理することで，一覧性や検索性が高まり，必要なときに対象のデータ資産等を見つけやすくなる。さらに，調査票の配布回収に係るプロセスを省略できるため，入力内容を随時更新する運用を行うことで，データを最新の状態に保つことが容易となり，データの正確性の確保に寄与する。

(3) データマッピングシステムを利用した業務の流れ

　管理者と担当者との間でデータマッピングシステムを利用する場合に

おける業務の流れについて説明する（**図表４－３**）。

図表４－３　データマッピングシステムを利用した業務の流れとポイント

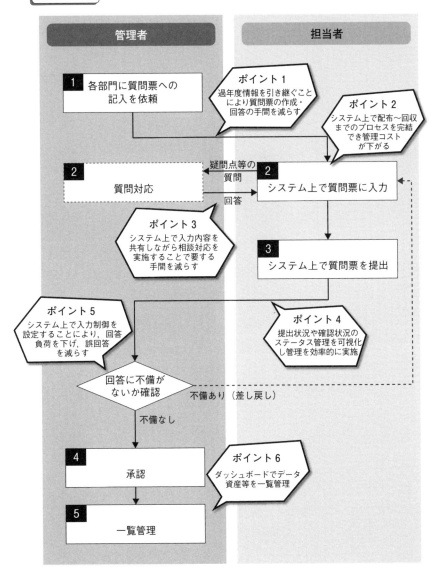

ポイント1 過年度情報を引き継ぐ

データマッピングに関わる業務は，各データ資産等の担当者へ質問票の記入を依頼するところから始まる。Excel形式の質問票を用いる場合，新規のデータ資産等がある場合はブランクの質問票を，更新の場合は過年度の情報が入力された質問票を，担当者へ配布する。

データマッピングシステムでは，過年度情報を引き継ぐことで，記載内容の更新や，既存のデータ資産等から派生した場合の起票を効率的に行うことができる。

また，法改正や標準規格の更新などに伴って，台帳で管理する項目の追加や変更を行う場合がある。テック製品によっては，質問票のフォーマット自体が変更（項目の追加・変更等）された場合であっても，あらかじめ過年度の項目との紐づけを行うことが可能であり，同一項目については情報を引き継ぐことができる。

ポイント2 質問票の配布～回収プロセスを簡素化

管理者と担当者の間で，Excel形式の質問票をやり取りする方法でデータマッピングを実施する場合，両者間の連絡や個別のファイルの管理に多大な労力を要することになる。

データマッピングシステムでは，質問票を配布する必要はなく，担当者は直接システムにアクセスして回答できる。また，管理者も質問票を回収せずに，システム上で回答を確認することができる。そのため，質問票の作成・更新に係るプロセスを大幅に簡素化でき，管理コストの削減につながる。

ポイント3 システム上で入力内容を共有しながら相談対応

質問票には，選択肢を選びづらい場合や，専門的な知識が必要な場合があり，回答者はしばしば判断に迷うことがある。こうした困りごとが発生すると，メールやチャットツール，電話等で管理者に問合せが行われ

るが，質問票が提出される前段階においては，管理者は手元で入力内容を確認できないため，相談箇所や内容の把握に時間を要することがある。

　データマッピングシステムでは，システム上で入力途中の質問票を閲覧することができるため，同じ画面を見ながら相談対応を行うことで，状況確認の手間が減り，また確実な回答を行うことが可能となる。

　また，テック製品によっては，システム上でコメントのやり取りが可能で，かつそれらの対応履歴を残しておくことができるため，人事異動等で担当者や管理者が変更となった場合であっても，過去のやり取りを踏まえた対応が可能となる（**図表4-4**）。

図表4-4　システム上でのコメントのやり取りが可能

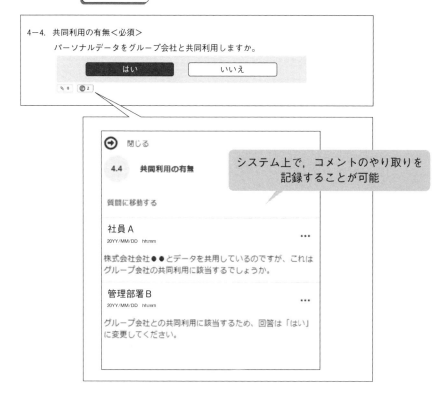

ポイント 4　提出状況や確認状況のステータス管理を可視化

　記入された質問票が担当者から提出される際，規模が比較的大きい企業では各部門で取りまとめ担当を設置し，社員から質問票がすべて提出されているかを確認した後，管理者に提出する。しかし，質問票の件数が多くなると，提出状況の管理が煩雑となり，質問票の承認が遅れるといった懸念が生じる。

　データマッピングシステムでは，質問票の作成・確認状況といったステータスを一覧で管理することができ，ステータス別・組織別・承認者別などでフィルタリングも可能となる。これらの機能を用いることで，上記の問題を解決し，管理に要する工数を減らすことができる。

ポイント 5　入力制御で，回答負荷および誤回答を低減

　データマッピングにて収集する項目には，法令の遵守状況を確認するために必ず入力を求める項目が存在するが，Excel等のファイル形式で作成する質問票では，入力の制御（必須・任意入力）をかけることが難しく，マニュアル等で注意喚起を行っても入力漏れが発生し，管理者における入力不備の確認や，再記入の依頼といった工数を要する。

　データマッピングシステムでは，質問票の項目ごとに入力の必須／任意を設定することで，法令上必ず確認が必要な項目における担当者の回答漏れを防ぐことができる。また，分岐ロジックを適用することにより，特定の質問項目の回答内容に従って，表示される質問項目を変更（例えば，回答者に関係がある項目のみ表示し，関係がない項目の場合は別の質問セットに自動遷移する）することが可能となるため，担当者の入力負荷を軽減することができる。

ポイント 6　ダッシュボードで可視化してデータ資産等の管理を高度化

　管理者は，定期・不定期にデータ資産等を集計し，報告書として取り

　まとめる他，法改正に伴って確認すべき事項については，棚卸したデータ資産等をもとに，該当するデータ項目を確認する必要がある。しかし，Excel等でファイル管理を行っていると，全案件を一覧的に確認したり，検索をかけたりすることは難しい。

　データマッピングシステムでは，ダッシュボードにより，データ資産等の状況を可視化することができる（**図表4－5**）。また，システム上で管理することで検索性が高まり，例えば海外への第三者提供がある案件のみを抽出するといった検索も容易に行うことができる。

図表4－5　ダッシュボードによる可視化（例）

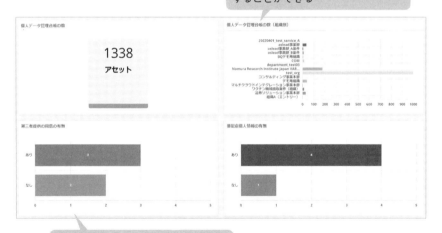

事例 不動産会社Ａ社──年１回の個人情報管理台帳の棚卸にプライ
バシーテックを活用

　不動産会社Ａ社および国内グループ各社（以下「Ａ社グループ」とい
う）は，年に１回，Ａ社グループ全体に対して個人情報管理台帳の点
検・更新を行っている。しかし，Excelシートと電子メールを用いてい
るために，シートの配布や提出状況の確認，記載内容に不備があった場
合の差し戻し，回答結果のとりまとめ等の作業に膨大な工数を要してい
た。またＡ社では，Excelのみで管理しているため，全案件の一覧性が
確保されておらず，さらには外国への第三者提供の有無や外的環境の把
握を行う必要があるが，現状の管理方法では確認に時間を要するといっ
た課題を抱えていた。

　Ａ社グループでは，これらの個人情報管理台帳関連業務を改善するた
めに，onetrust社の提供するデータマッピングシステムを導入し，台帳
の管理工数の削減やデータの適切な管理，活用を実現している。

運用体制

　Ａ社グループにおけるデータマッピングの運用は，本社組織である総
務部門が主管している。一方，プライバシーテックの導入やＡ社グルー
プへの展開にあたっては，全社横断のツール導入を支援するDX部門が
旗振り役を担っている。

データマッピングの運用プロセス

　現場担当者は，年に１回，自身が担当するパーソナルデータを取り扱
う製品・サービスについて，システム上で所定の質問項目に沿って回答
する。登録された情報はプライバシー保護組織において確認され，ツー
ル上で一覧管理される。

　総務部門は各部門での棚卸状況や回答内容をチェックし，提出を促すとともに，提出された結果を一覧で確認することができる。そのため，総務部門においては，海外への提供や共同利用を行っている件数を容易に把握することが可能となる。

　また，これらの情報を年度単位でスナップショットとして保存しておくことで，過去をさかのぼった参照も行っている。

運用上の工夫

(シングルサインオンの実現)

　A社では社員のID管理にあたってMicrosoft Entra IDを用いている。今回，新たにデータマッピングシステムを導入するにあたって，社内の既存システムとのシングルサインオン（SSO）連携ができるよう，確認および実装を行った。また，A社グループ内には他のID管理システムを導入しているグループ会社もあったため，個別にグループ各社との調整を行った。

(社内用語を反映)

　海外のSaaS製品を導入すると，用語がこなれた日本語に訳されていなかったり，製品に特有の用語になっていたりするために，実際に利用する場合には馴染みのない用語に戸惑ってしまうケースが多い。A社では，ブラウザの拡張機能を活用することで，社内で用いている用語に置き換えることができるようにし，記入する担当者が用語に戸惑うことがないように配慮した。

2 プライバシー影響評価（PIA）

⑴ 「PIA」およびそのシステム化が求められる理由
―リスク評価の自動化，適切な対策の立案，効果的に講じるための支援をする

　PIA（Privacy Impact Assessment，プライバシー影響評価）とは，パーソナルデータを活用した製品・サービスの企画段階で，データを取り扱う過程の「どこに」「どのような」プライバシーリスクがあるのかを，もれなく洗い出して，リスクの大小を評価し，リスクを回避・最小化するための適切な対策を講じる一連の活動をいう。

　プライバシーリスクへの対策が十分行われなかった製品・サービスを市場に投入してしまい，その結果，顧客の不安や驚き等を引き起こして，企業自体の信用や評判を損ねる炎上につながった事件は，枚挙にいとまがない。炎上事件を一度起こすと，顧客の信用を取り戻すために膨大な時間や労力を要するため，PIAを実施して，あらかじめプライバシーリスクへ対処しておくことが求められている。

　しかし，個人情報保護法ではPIAの実施はまだ義務化されておらず，企業の自主的な取組みにゆだねられているため，「プライバシーリスク」といわれても，具体的に何を確認すればよいのか思いつかない読者も多いかもしれない。一方，海外に目を転じると，欧米をはじめ，アジアの近隣諸国においても，プライバシーリスクを伴うデータ処理を行う際はPIAの実施を義務付ける法律が次々と成立しており，PIAがいかに重要な活動であるかを物語っている。すなわち，パーソナルデータ活用を安心・安全に進めるためには，PIAは不可欠な企業活動の1つであると認識し，義務化を待たず着手することが望ましい。

　そしてPIAの運用が軌道に乗ると，効率的に，かつ１件１件確実に
PIAを実施できる仕組みの構築が必要になる。そこで活用が期待される
のがPIAシステムである。

⑵　PIAシステムを導入するメリット

　PIAに取り組む企業の多くは，Excel等を用いて資料を作成し，手作
業で評価プロセスを運用している。この方法は，PIAの運用を開始して
日が浅く，データ活用案件もそれほど多くないうちは柔軟に対処できて
都合がよい。しかし，ある程度組織内においてPIAの運用が軌道に乗っ
てくると，案件は急激に増加し，現場の求めるスピード感に対処が追い
つかなくなることが想定される。またExcel等で管理していては，案件
横断的に評価結果を参照することができず，対応にばらつきが生じたり，
対策すべきリスクを見逃したりすることになりかねない。

　これらの問題を解決するのがPIAシステムである。PIAシステムの導
入によって得られるメリットは大きく４点ある。

メリット①　PIA実施の要否やリスクの大きさを自動で判定
　システム上で回答すると，事前に設定した評価基準に従い，回答に対
するリスクの大きさ（PIA実施要否の判定結果，PIA対象案件の影響
度・発生可能性）が自動で算出される。そのため，リスク評価にかかる
手間を省くことができる。

メリット②　ワークフローによるリスク対策の進捗管理および情報共有
　　　　　　　で意思決定を円滑化
　抽出した個々のプライバシーリスクについて，リスク対策の検討・進
捗状況（検討中，対策中，実装済等）を管理できる。そのため，管理者・

担当者間でリアルタイムの情報共有を行いながら，リスク対策を着実に進めることができる。

メリット③　類似案件の検討内容を容易に検索・参照可

　類似案件の検討内容は，キーワード検索で容易に参照することができる。そのため，これまでの知見を活かしたPIA業務の効率化や担当者間のナレッジ引継ぎ・共有を容易に実現できる。

メリット④　豊富なテンプレートにより，国ごとの法令に基づいたリスク対策が実施可

　PIAシステムには，各国の法令等に対応した豊富なPIAテンプレートがあらかじめ備わっている場合がある。特にグローバルに事業を展開している企業では，PIAテンプレートを活用することにより，PIA用の質問票作成の業務負荷を軽減することができる。

※上記のメリット①〜④の他に，「1　データマッピング」で記載したメリットも挙げられる。詳細は，「1　データマッピング」の節を参照のこと。

(3)　PIAシステムを利用した業務の流れ

　ここからは，担当者と管理者のそれぞれの役割について，業務の具体的な流れに沿って説明する（**図表4-6**）。なお説明にあたり，具体的な画面イメージとして，onetrust社が提供するテックツールの画面を一部引用する。

ポイント1　PIA実施の要否を自動で判断

　PIA実施のプロセスにおいてはまず，対象とするデータ活用案件につ

図表4−6　PIAシステムを利用した業務の流れと改善ポイント

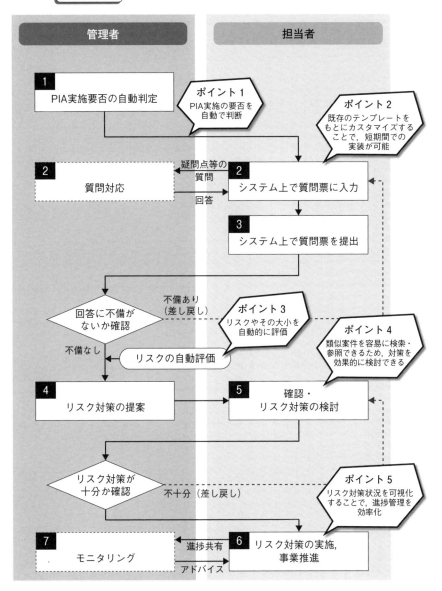

いて，PIAの対象とすべきか振り分けを行う必要がある。データを取り
扱う事案が多い場合は，すべてを対象にPIAを実施することは現実的で
はなく，非効率となる。そのため，「しきい値判断[1]」や「予備評価」
などと呼ばれるプロセスを通し，対象とすべき案件を抽出する。

　PIAシステムでは，データ活用案件の概要に関するいくつかの質問を
担当者に回答させることで，事前に設定した基準と照らし合わせ，PIA
実施の要否を自動で判断することができる。

ポイント2　テンプレートをカスタマイズして自社ビジネスに則した質問票を設定

　PIA用の質問票では，データ活用案件ごとに，法令・ガイドラインを
遵守しているか，プライバシーを侵害することがないか等の質問を提示
し，担当者が回答を入力する。

　PIAシステムでは，質問票の標準テンプレートを提供しており，これ
らを用いることで，短期間で業務に導入することができる。また，自社
ビジネスの特性に応じてプライバシーリスクを評価できるよう，テンプ
レートをもとにカスタマイズすることも効果的である。

　テック製品によっては，欧米をはじめ，各国の法令等に対応したさま
ざまなテンプレートを提供しており，PIAの質問票を法域に応じて使い
分けて運用することが可能となり，グローバルに展開する企業にとって
は有効な手段となる。

ポイント3　リスクの抽出や大小の評価を自動化

　PIAでは，質問票への回答に基づいてプライバシーリスクを抽出し，
さらにその大小を評価する。PIAの質問項目は多岐にわたるため，1つ

1　マイナンバー制度で規定された特定個人情報保護評価における呼称

ひとつを目視で確認して評価すると時間がかかるうえに，単純なミスも生じがちである。

　PIAシステムを用いることで，事前に設定した評価基準に基づき，質問票の回答結果から自動的にリスクを抽出し，その大小までを評価することができる。

ポイント４　類似案件の検索・参照によりリスク抽出・対策検討を効率化

　リスク対策を検討する際，過去にPIAを実施した類似案件の検討結果を参考とすることで，対応策の充実につながる。特に，定期的・継続的に実施している案件では，過去の検討結果が参考となる部分も多い。

　しかし，Excel等でPIAの実施結果を管理している場合，データの種別や目的，第三者提供先等の特定の条件に合致したPIAの実施結果を検索・参照することは難しく，類似案件を探すのが困難となる。

　PIAシステムを用いることで，キーワード検索やフィルタ機能を活用した該当案件の抽出が容易にできるため，類似案件や特定の条件に合致する案件の検討結果を参照しやすくなる。

ポイント５　リスク対策状況を可視化することで進捗管理を効率化

　プライバシーリスクを抽出した後は，リスク低減のための対策を検討する。この段階では，担当者と管理者との間で，リスクごとに具体的な対策を詰める作業となる。リスクを承知のうえでデータ活用を推し進めたい事業部門とプライバシー保護担当との間で難しい調整が行われることもあり，何度もメールをやり取りしたり，打合せをしたりすることもある。

　PIAシステムでは，リスク対策状況を可視化して進捗管理を効率化することにより，議論の経過やポイントを記録して効率的に議論を進める，担当者間で議論の状況を共有する，事後的に議論を振り返る等に活用できる（**図表４－７**）。

図表4-7 PIAシステムを活用したリスク管理のイメージ

　また，リスク毎にリスク低減に必要なアクションを，それらの期日と併せて設定・管理することも可能であり，管理者・担当者間で認識を合わせた着実な実施につながる（**図表4-8**）。

⑷　他システムとの連携

○データマッピングシステムとの連携

　PIAシステムでは，評価の基準を事前に設定しておくことで，PIA実施要否の判定を自動化できる（ポイント1）。この機能を応用すると，データマッピングシステムにおいて登録された質問票の回答結果から，実施要否の判定に必要な情報を抽出し判定することで，PIAが必要な案件を自動で選定するといった，データマッピングとPIAの連携が実現可能となる（**図表4-9**）。

図表４－８　PIAシステムを活用したリスク対策のイメージ

図表４－９　データマッピング・PIA連携のイメージ

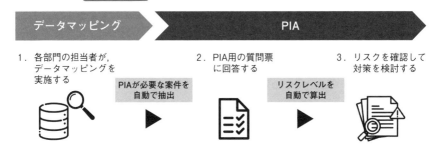

事例　電機メーカーＢ社――データマッピングとPIAを連動させたプライバシープロセスを運用

　電機メーカーＢ社および国内グループ各社（以下「Ｂ社グループ」という）は，プライバシー・バイ・デザインの考え方に基づき，プライバ

シーに配慮した製品・サービスの開発にあたり，その設計の初期段階からデータマッピングとPIAを連動させたプライバシー保護のためのプロセス（以下「プライバシープロセス」という）を運用している。

　プライバシープロセスが対象とする情報資産やデータ処理活動は多岐にわたり，新製品のリリースや機能アップデートのたびに現場担当者による申請が必要となる。このため，プロセス運用の効率化が不可欠で，従前よりIT活用に取り組んできたが，さらなる改善を図るため，2021年からonetrust社の提供するデータマッピングおよびプライバシー評価自動化に係るシステムを導入して運用している。

運用体制

　B社グループにおけるプライバシープロセスの運用体制は，本社コーポレート部門に設置されたプライバシー推進組織と，各グループ会社で任命されたプライバシー推進事務局によって構成される。

プライバシープロセスの流れ

　現場担当者は，パーソナルデータを取り扱う製品・サービスの企画が発足すると，システム上で所定の質問項目に沿って回答することを通じて，当該企画のパーソナルデータ処理に関わる情報を登録する。登録された情報はプライバシー推進事務局による確認後，「情報の種類」「利用目的」「情報の取扱い件数」「対象国」等に基づき，重要度（リスク）が，高・中・低の三段階で自動的に評価される。これ以降は，リスクの高低に応じた対応がなされる（**図表4－10**）。

　「低」と判定された企画は，遵守確認チェックリストに基づき，現場担当者がセルフチェックで確認する。

　「中」と判定された企画は，遵守確認チェックリストに基づき，現場担当者がチェックしたものを，プライバシー推進事務局が確認し，リス

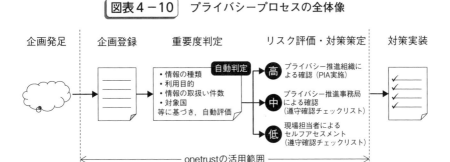

図表４−10　プライバシープロセスの全体像

ク対策の確実性を高めている。

　「高」と判定された企画は，PIAの様式に基づき，データ処理の詳細を登録する。具体的なリスク対策は，打合せやメールのやり取りに加えて，後述するonetrustのコミュニケーション機能（コメント欄，メモ欄）を通じて検討され，システム上にはその検討結果を登録する運用がなされている。

　なお，ここで登録された企画に係る情報資産やデータ処理活動は常時更新され，定期的に棚卸を行って，最新状況を把握できるよう運用されている。

運用上の工夫
（ユーザー登録にRPAを活用）

　現場担当者がプライバシープロセス上で申請を行うためには，onetrustにユーザー登録をする必要があり，その数は累計で数百人レベルにのぼる。このためRPAを活用して，所定の申請書（Excel形式）を特定のメールアドレスに提出すると，onetrustに自動登録される仕組みを構築している。こうして，現場担当者によるユーザー登録の負担を軽減するとともに，事務局におけるユーザー管理を効率化している。

（コメント欄とメモ欄を使い分け）

onetrustでは，質問項目への回答を補足するためのコミュニケーション機能として，オープンな形式のコメント欄と，アクセス制限ができるメモ欄の2つが提供されている。現場担当者と承認者がやり取りする際にはコメント欄を用い，承認者側の関係者内部でのみやり取りする際にはメモ欄を用いる，といったように使い分けをしている。

3　同意管理

企業がパーソナルデータを取得して利用する際，多くの場合，ユーザーから同意を取得するプロセスを経由する。これは，法令上求められている場合もあれば，企業の裁量で行っている場合もある。いずれの場合であっても，取得した同意の数が多くなればなるほど，その管理のための負担は大きくなる。特にウェブやアプリを通じて同意を取得する場合，人手で管理することは実質的に不可能で，同意管理のためのツール，いわゆる「同意管理プラットフォーム（CMP：Consent Management Platform）」の活用は必須である。

CMPは大きく分けると，汎用的な「ユニバーサルCMP」とCookieの管理に特化した「Cookie CMP」の2種類がある。このため本節では，「ユニバーサルCMP」と「Cookie CMP」にパートを分けて解説する。

【ユニバーサルCMP】

⑴　ユニバーサルCMPが求められる理由
　　―同意取得画面の容易な作成，同意状況の一元管理，ユーザーとの双方向のコミュニケーションを実現する

ユニバーサルCMPとは，ユーザーから同意を取得する画面やユー

ザーが自身でプレファレンス設定する画面（ダッシュボード）を容易に作成でき，さらに，いつ・どこで・誰が・何に同意したのかを一元管理できるソリューションである。

　ユーザーの同意状況を管理するシステムをサービスごとに構築しているために，同意状況を一元管理できていない企業は多い。これらの企業では，サービス横断的にユーザーのデータを統合して活用しようとしても，各ユーザーが，何のサービスに対して・どのバージョンのプライバシーポリシーに基づき同意をしているのかがわからないため，データ統合がほとんど進まないという事態に陥りがちである。

　また，プライバシーポリシーを変更した場合に，変更後のポリシーに同意したユーザーと未だ同意していないユーザーとを区別できないまま活用を進めてしまうと，法令違反や企業の評判を損ねる炎上事件を引き起こしてしまうリスクがある。

　パーソナルデータ活用を推進していくには，同意管理を適切に効率よく運用していくためのシステム化は欠かせない。そこで期待されるのがユニバーサルCMPである。

⑵　ユニバーサルCMPを導入するメリット

　ユニバーサルCMPは，同意管理に係るユーザインタフェースの構築やその運用に有効に機能する。主なメリットを3点紹介する。

メリット①　同意取得用の画面作成の手間を削減

　ユーザーから同意を取得する対象となる文書（プライバシーポリシー，利用規約等），同意を取得する方法（同意ボタンの押下等）を登録することで，同意取得用の画面を簡便に作成することができる。

　作成した画面はCMPベンダーがホスティングする環境に配置して公

開したり，埋め込み用のソースコードを生成し，それを対象サービスの
ウェブサイトやアプリのソースコードに埋め込むことで，同意取得用の
画面を表示させたりすることができる。

メリット②　同意取得・オプトアウト状況の一元管理を実現

　サービス横断的なユーザーの同意状況（共通のプライバシーポリシー
に同意しているユーザーは何人等）やユーザーごとの同意状況（Aさん
は，Xの利用規約に○年○月に，Yの利用規約に△年△月に同意した等）
を一覧することができるため，データ活用の検討に際して，何人分の
データを，どのサービスを対象に活用できるのかを効率的に確認するこ
とができる。

メリット③　ユーザーのプレファレンス設定用の画面作成を効率化

　企業によるデータ利用や共有に対して，ユーザーが任意に選択するこ
とのできる画面，すなわち，プレファレンス設定用の画面を，同意取得
用の画面作成時の情報を再利用して，簡便に作成することができる。

　これは同意取得用の画面とプレファレンス設定用の画面との整合性を
確保することにつながり，同意状況やプレファレンス設定の情報を，
バックエンドのシステムへ，迅速に反映させる仕組みの構築に寄与する。

(3)　ユニバーサルCMPを利用した業務の流れ

　ここでは，ユーザーと企業のそれぞれの役割について，業務の具体的
な流れに沿って説明する（**図表4－11**）。なお説明にあたっては，具体
的な画面イメージとして，onetrust社が提供するシステム画面を一部引
用する。

図表4－11　ユニバーサルCMPを利用した業務の流れとポイント

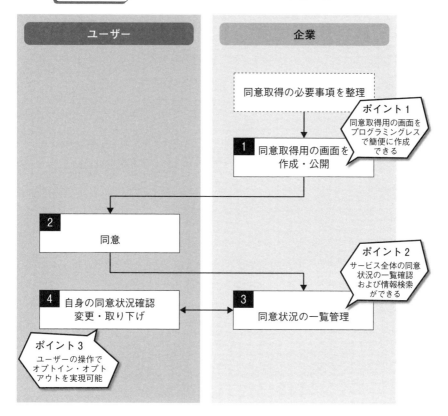

ポイント1　同意取得用の画面を簡便に作成できる

　同意取得用の画面には，収集するデータの項目や利用目的，第三者提供などのデータの取扱いに係るさまざまな情報をユーザーに提示し，同意を取得するための機能が求められる。このためには，画面デザインと開発の両方の専門知識が必要で，ユーザインタフェースの設計，プログラミング，掲載するウェブサイトへの実装にはかなりの工数がかかる。また，海外のユーザーからも同意取得することが想定される場合，多言

語サポートを考慮する必要がある。

　ユニバーサルCMPを利用して，手順に沿って入力・設定を行うことで，専門知識やプログラミングの負荷もなく，比較的低コストで同意取得用の画面を作成することができる（**図表4-12**）。テック製品によっては，多言語対応を標準で備える製品もあり，これらの機能を活用することで容易に対応可能となる。

図表4-12 同意取得画面の作成のイメージ

ドラッグ＆ドロップで，画面要素を追加可能

画面イメージを確認しながら作成

ポイント2　サービス全体の同意状況の一覧確認および情報検索ができる

　同意に関する情報には，どのサービスに対するどのバージョンのプライバシーポリシーに対するものか等を把握するため，対象のサービス，同意の取得日時といった情報を管理する必要がある。

　ユニバーサルCMPを利用することで，複数のサービスに対する同意状況を一元的に管理することができる。簡単な操作で，誰が，いつ，ど

のサービスに対して同意したのかを確認することが可能である（**図表4
-13**）。

　また，検索や特定の条件に基づいた同意の取得状況の抽出が可能で，
情報の探索を簡単な操作で実施することができる。例えば，古いバー
ジョンのポリシーに同意しているユーザーを抽出して，新しいポリシー
への同意を促すことに用いることができる。

図表4-13　ユーザーごとの同意取得状況のイメージ

ユーザーID	サービス名称	ポリシーの バージョン	ステータス	日付
FS:01003450728	のむらマート	V1	取り下げ済み	2023年10月1日
FS:01003450729	のむらマート	V1	確定済み	2023年10月4日
FS:01003450730	のむらマート	V2	確定済み	2023年11月20日
KH:10849023501	サービス満足度調査	V2	確定済み	2023年12月1日
KH:10849023502	サービス満足度調査	V2	確定済み	2023年11月15日
KA:29845834520	メルマガ配信サービス	V1	取り下げ済み	2020年4月5日
KA:29845834521	メルマガ配信サービス	V3	確定済み	2023年11月10日

　ユニバーサルCMPを利用することで，同意に関する統計情報（取得
した同意の総数，日ごとの同意数等）をダッシュボード上に表示したり，
表示項目・グラフの種類を設定でカスタマイズしたりできる（**図表4-
14**）。

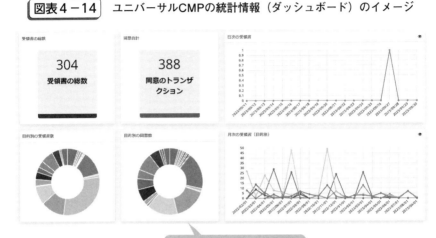

図表4-14 ユニバーサルCMPの統計情報（ダッシュボード）のイメージ

グラフで同意状況を概観可能

ポイント3　ユーザーの操作でオプトイン・オプトアウトを実現できる

　ユニバーサルCMPでは，ユーザーが，自身のデータの取扱いに対するプレファレンス設定を簡易な操作で行うことができる。このプレファレンス設定の画面は，同意取得用の画面作成時の情報を再利用して，簡便に作成することができる。

⑷　他システムとの連携

○データマッピング，PIA，請求権対応システムとの連携（業務連携）

　データマッピングシステムでは，プロジェクトやサービスにおけるデータ収集目的や方法が管理される。同意情報の確認により，実際の収集と，同意の範囲や目的との整合性を正しく評価することができる。

　PIAシステムでは，リスクやその軽減策が管理される。同意情報の確認により，リスク軽減策が適切に実施されているかどうかを評価するこ

図表4－15　同意状況確認サイトのイメージ

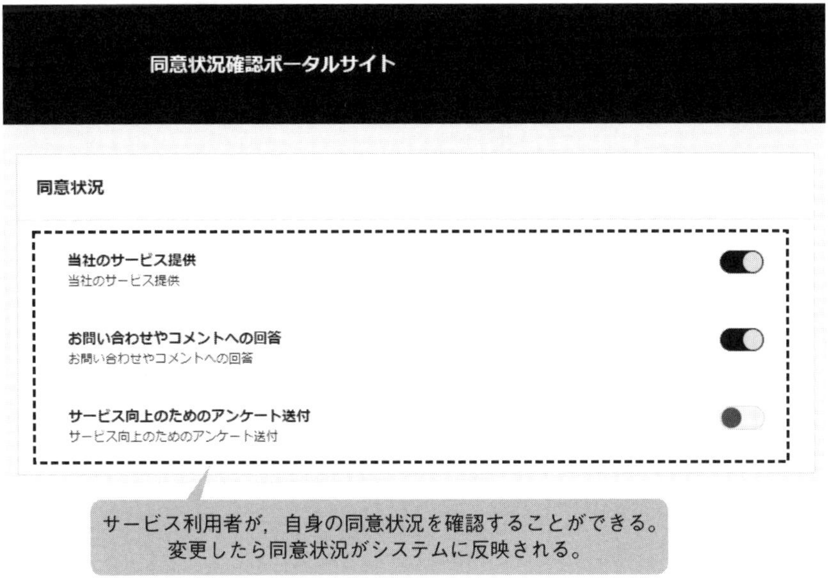

とが可能となる。

　請求権対応システムでは，個人情報の開示・削除請求が管理される。同意情報の確認により，ユーザーの個人情報の開示・削除請求が妥当なものであるかどうかを判断することができる。

○請求権対応システムとの連携（機能連携）

　個人情報の同意許諾と請求開示の本人確認を連携させることにより，セキュリティや利便性の向上を図ることができる。また，本人確認に必要以上なコストをかけず，個人情報を正当なユーザーのみに開示することも可能となる。

(5) より高度な利用方法

○ID管理システムとの連携

　ID管理システムでは，メール，オンライン会議，ストレージなど，多様なシステムを同一ユーザーIDで利用することができ，プライバシーマネジメント支援システムと連携させることも可能である。

　ID管理システムと同意管理システムを連携させることで，複数IDを利用している個人の同意情報を一元管理し，収集した情報がユーザーの同意に基づいていることを確実にすることができる。ID管理システムと連携させない場合は，同意情報の管理は煩雑になる。同一ユーザーであっても，利用システムが異なる場合は，それぞれ固有のIDで同意情報が管理され，同一ユーザーの同意情報を結びつける名寄せ作業の必要性の検討が必要になるからである。

図表4－16　同意管理システムとID管理システムの情報統合イメージ

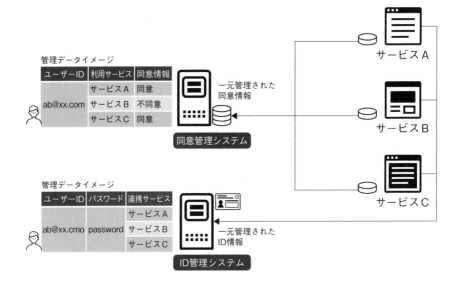

【Cookie CMP】
(1)　Cookie CMPが求められる理由
―Cookie規制遵守を簡便に実現

　EUではウェブサイトでCookieを利用する場合，ユーザーから同意取得することを義務付ける規制[2]が2009年より施行されており，EU域内に向けてサービスを提供している企業の多くは，Cookie使用に対する同意管理を簡便に実装して運用できるツールCMPを導入して規制に対応している。

　Cookieは，もともとWebブラウザとWebサーバーとのデータ交換を効率的に行い，快適なサービスを提供するために開発された技術であったが，ユーザーの閲覧履歴を収集することができるため，ユーザーの趣味嗜好を分析したり，ターゲティング広告を表示したりすることに転用されるようになった。このため，プライバシー侵害を懸念したEU当局が，Cookieの利用にあたり，ユーザーから事前に同意取得することを義務付けたのである。

　日本では2023年6月に施行された改正電気通信事業法の外部送信規律によって，一定の条件に該当するウェブサイトを対象に，Cookieを使用する場合は，通知または公表，同意取得，オプトアウト措置のいずれかを，利用者に対して行うことが義務付けられた。これは「日本版Cookie規制」と呼ばれることがあり，対応のためにCookie CMPを導入する企業が増えている。ただしEUのように一律に同意取得を義務付けるものではないため，Cookie CMPを用いなくても対応することは可能である[3]。

　一方，EUのCookie規制および日本の外部送信規律に共通して求めら

2　通称「ePrivacy指令」。正式名称は "Privacy and Electronic Communications Directive 2002/58/EC"。2009年に改正され，Cookieの使用に際して，事前の同意取得が義務付けされた。

れる対応は，ウェブサイトでどのようなCookieを使用しているかを洗い
出して把握することである。一般に，企業のウェブサイトには，さまざ
まな種類のCookieが多数埋め込まれており，サイト訪問者の情報を外部
に送信している。一方で，その事実を認識しないままウェブサイトを公
開している企業は多い。外部送信規律が施行されたのは，まさにこうし
た状況を是正するためである。

　EU，日本いずれのCookie規制への対応においても，Cookie CMPの導
入は有効である。

⑵　Cookie CMPを導入するメリット

　電気通信事業法の外部送信規律への対応に向けて，ウェブサイトやア
プリで使用しているCookieの洗い出しに苦労した企業も多いのではない
だろうか。ウェブサイト運営に関わる事業部へのヒアリング，ツール導
入・自動検知による洗い出し等，対応方法はいくつか考えられる。この
うち，事業部へのヒアリングによる洗い出しのデメリットとして，関係
する事業部にヒアリングする手間がかかる，事業部が認知していない
Cookieがあった場合，確認漏れが発生してしまう，洗い出した各Cookie
について利用目的等を確認する手間がかかる，などが挙げられる。

　また，ヒアリングによる洗い出しでは，正確な情報を把握できるのは
ヒアリング実施時のみ可能で，変更が生じた場合にリアルタイムで把
握・管理していくことは難しい。そのため，法令遵守に向けて何らかの
対策を講じるべきCookieの把握が遅れて法令違反につながるリスクもあ

3　日本企業においてもウェブサイトによっては，Cookie利用について同意を求めるバ
　ナー表示のされることがある。こうしたサイトの多くは，EU域内に向けてサービスを提
　供している場合，もしくは外部送信規律への対応のために，あえて同意取得を選択して
　いる場合と考えられる。

る。

　これらの問題に対して有効となるのがCookie CMPである。Cookie
CMPの導入によって得られるメリットは，大きく3点ある。

メリット①　Cookieの検知・情報収集を自動で実現

　ウェブサイトやアプリの基本情報（ウェブサイトのURL等）を入力
するのみで，該当するウェブサイトやアプリで使用されているCookieを
自動で検知し，さらに，検知した各Cookieに関する情報（どんな機能を
果たすCookieなのか，どのくらいの期間残るものなのか等）を整理でき
る。そのため，Cookieの洗い出しやCookieに関わる情報の収集にかかる
手間を削減することができる。

メリット②　Cookieバナー作成の手間を削減

　どのような情報を表示するか，どのような方法で同意を取得するか
（オプトイン／オプトアウト等）を登録するのみで，顧客に表示するバ
ナーを自動で作成することができる。作成したバナーのソースコードは
自動で生成されるため，それを自社のウェブサイトやアプリに埋め込む
だけで，自社サービスにバナーを組み込むことができる。

メリット③　同意取得・オプトアウト状況の一元管理を実現

　ウェブサイトやアプリへの訪問者の総数やCookieの種類ごとの同意状
況等を一覧化することができるため，Cookieの種類ごとに，同意済の
ユーザーやオプトアウトしたユーザーが何名程度いるのか，といった情
報を，時間をかけずに確認することができる。

(3) Cookie CMPを利用した業務の流れ

図表4-17 Cookie CMPを利用した業務の流れとポイント

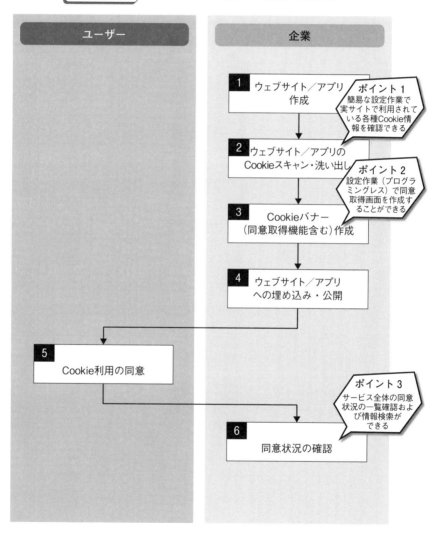

ポイント1　簡易な設定作業で実サイトで利用されている各種Cookie 情報を確認できる

　Cookie CMPのCookieスキャン機能を利用することで，ウェブサイトやアプリで使用されているさまざまなCookie情報の可視化が可能になる。対象となるサイトのURLを入力する等の簡易な設定作業でCookieス

図表4－18　Cookieスキャンの設定とスキャン結果のイメージ

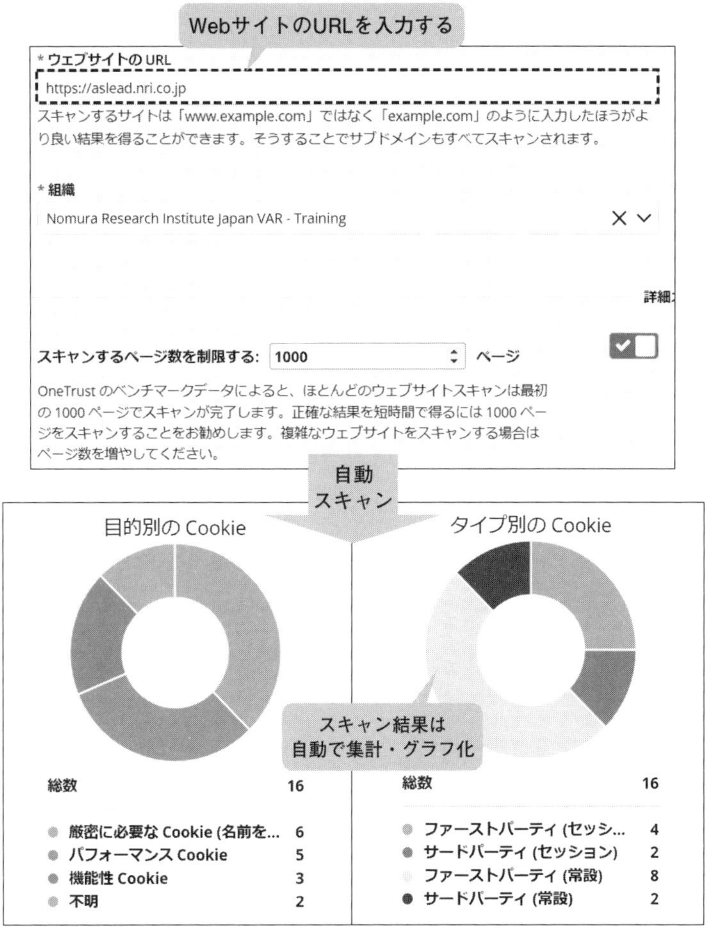

ホスト	名前	詳細
aslead.nri.co.jp	_ga	**説明:**　This cookie name is associated with Google Universal Analytics - which is a significant update to Google's more commonly used analytics service. This cookie is used to distinguish unique users by assigning a randomly generated number as a client identifier. It is included in each page request in a site and used to calculate visitor, session and campaign data for the sites analytics reports. By default it is set to expire after 2 years, although this is customisable by website owners._ga **ライフスパン:**　1 year **セキュア:** **HTTP のみ:**
aslead.nri.co.jp	_gid	**説明:**　This cookie name is associated with Google Universal Analytics. This appears to be a new cookie and as of Spring 2017 no information is available from Google. It appears to store and update a unique value for each page visited._gid **ライフスパン:**　数秒 **セキュア:** **HTTP のみ:**

Cookieを表形式で一覧化

キャンを行うことができ，スキャン結果として，グラフ化や一覧化が自動で行われ，容易に結果を確認できる。

ポイント２　同意取得用の画面を簡便に作成できる

　Cookie同意取得用の画面（バナー）のテンプレートを選択し，必要な部分を追加設定（カスタマイズ）することで，不要にコストをかけず開発を行うことができる。作成したバナーのソースコードは自動で生成されるため，それを自社のウェブサイトやアプリに埋め込むだけで，自社

図表４－19　Cookie同意取得画面の設定イメージ

複数のテンプレートから適切な
テンプレートを選択可能

ボタンの色など，
デザインを変更可能

・説明文章をカスタマイズ可能
・URLの差し込み可能

「すべてのCookieを受け入れる」をクリックすると、サイトナビゲーションを強化し、サイトの使用状況を分析し、弊社のマーケティング活動を支援するために、デバイスにCookieを保存することに同意したことになります。Cookie ポリシー

すべてのCookie を受け入れる

すべて拒否する

Cookie 設定

表示するボタンの種類・名称を
カスタマイズ可能

サービスにバナーを組み込める。

　また，国や地域によってプライバシー関連の法的要件が異なる場合がある。対象国や地域を設定することで，その国のプライバシー規制に準拠するためのCookie同意制御の要件の反映も可能となる。

ポイント 3　サービス全体の同意状況の一覧確認および情報検索ができる

　Cookie CMPを利用することで，Cookie同意に関する統計情報を確認することができる。国・地域，オプトイン・アウト，新規ユーザー等，さまざまな観点で統計情報を活用することができる。

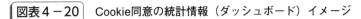

図表 4 － 20　Cookie同意の統計情報（ダッシュボード）イメージ

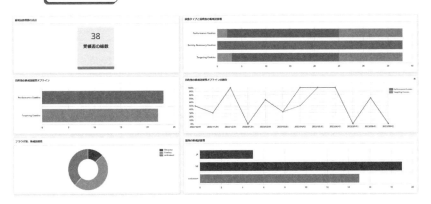

事例　株式会社ロイヤリティ マーケティング，株式会社プライバシーテック──外部送信規律への対応

　外部送信規律とは，改正電気通信事業法（2023年 6 月16日施行）によって創設された制度で，利用者の端末から外部にデータを送信するプログラム等をウェブサイトやモバイルアプリに組み込んでいる場合，送信されるデータの項目や利用目的を，利用者へポリシー等で通知・公表

することを義務付けるものである。日本版Cookie規制と呼ばれることもあるが，欧州の規制とは異なり，同意取得やオプトアウトの提供は任意とされ，規律の適用対象も利用者の利益に及ぼす影響が少なくないサービスに限定されている。すなわち，Cookie CMPを導入しなくても，ポリシーを更新して運用することで規律へ対応することが可能となっている。

　共通ポイント事業者である株式会社ロイヤリティ マーケティング（以下「LM社」という）は，外部送信規律への対応を，委託先事業者：株式会社プライバシーテック（以下「PT社」という）とともに，次に示す手順で実施した。

対象となるウェブサイトおよびモバイルアプリの特定

　LM社のウェブサイトはトップレベルのドメインだけでなく，サブドメインで管理されているものも多い。このため，PT社は，DNS検索でサブドメインを洗い出し，LM社管理下のウェブサイトを抽出した。このように，LM社のドメイン情報に加え，ツールを駆使して外部から観測できるサブドメイン情報を収集し，抜け漏れがないようにしている。

　モバイルアプリは，AppleおよびGoogleのアプリストアから，会社名で検索して特定した。

　その後，抽出したウェブサイト・アプリの一覧について，外部送信規律の対象になるのか，事業として今後も運用を継続していくものかを検討し，対象を特定した。

スキャニングによる外部送信先・送信情報の抽出

　PT社のスキャニングツールを用いて，対象サイト・アプリに埋め込まれた外部送信プログラムを検出して，外部送信先と送信情報を抽出し

た。スキャンの結果，送信先が数百にのぼることが判明した。送信先の情報は，サービス名，送信目的，送信情報を表形式の「外部送信先一覧」にして整理した。

ウェブサイトでの外部送信ポリシーの公表

　整理した情報は，LM社のトップページからアクセスが容易なところにリンクを貼って「外部送信ポリシー」を公表した。ポリシーの公表後は，定期・不定期に対象サイト・アプリをスキャンして，外部送信先一覧の更新を行い，「外部送信ポリシー」のページを更新している。

　以上述べたとおり，LM社は，PT社の力を借りて，効率的に外部送信規律への対応を実現した。

図表４−21　LM社の外部送信ポリシー（2023年8月時点）

外部送信ポリシー

当社は、Webサービス等を提供するにあたって、お客様のWebサービス等の利用を通して取得したお客様に関する情報を、当社または当社が提携する事業者に送信しています。
本ポリシーは、2023年6月16日より施行された、改正電気通信事業法外部送信規律（電気通信事業法第28条、電気通信事業法施行規則第57条）に基づき、お客様に関するどのような情報が、どこに、どのような目的で送信されるのかを公表することを目的としています。
なお、送信した情報は、送信先事業者のプライバシーポリシー等に基づいて管理・利用されています。また、情報の送信を停止したい場合は、各社のオプトアウトページや、ブラウザやスマートフォンなどの設定を通じて停止することが可能です。

外部送信の目的分類

1. 広告、各種情報の配信	
1-a. 当社の広告配信	当社及び他社のWebサイトやアプリ上で自社の広告を表示するため。
1-b. 当社の広告事業としての広告掲載・配信	当社が運営するWebサイトやアプリ上の広告枠に広告を掲載するため。
1-c. 他社の広告事業として広告掲載・配信	提携している他社とデータの連携をし、他社が広告配信・掲載するため。

2. 分析	
2-a. 利用者による閲覧の傾向や履歴分析	当社が運営するWebサイトやアプリの利用者のWebサイトやアプリ上での行動履歴情報を収集し、その傾向などを分析するため。
2-b. 広告の効果分析	当社が運営するWebサイトやアプリ上の広告に対して利用者が閲覧した情報、クリックした情報およびWebサイトやアプリ上での行動履歴情報を収集し、広告の効果を確認・計測・分析するため。
2-c. 不正や異常の監視	自社が運営するWebサイトやアプリ上の広告に関する不正または異常な閲覧数やクリック数などを検知し、適正に広告の効果を確認・計測・分析するため。

3. 外部サービス連携	
3-a. SNSとの連携	自社が運営するWebサイトやアプリの利用者によるSNSを通じた情報共有などを実現するため。
3-b. 外部送信プログラムの管理	広告や分析を目的とした外部送信プログラムを管理するツールを利用するため。

4. 必要不可欠な用途	
4-a. Webサイトやアプリを適正かつ安全に提供するため	自社が運営するWebサイトやアプリにて適正に画像を表示する、または安全なサービス提供の実現に向けた負荷分散やセキュリティ対策のため。
4-b. Webサイトやアプリの利便性を向上させるため	Webサイトやアプリでの利用者の閲覧履歴などの情報をもとに、最適なコンテンツを表示するため。

外部送信する情報分類

A. 閲覧履歴（閲覧した日時、URL、リンク元のURL等）
B. サービス・商品の購入履歴（購入したサービス・商品名、購入日時、購入金額等）
C. 閲覧した機器の位置情報（IPアドレス、GPS情報等）
D. 閲覧した人や機器を識別する情報（ユーザーID、ブラウザ識別子、デバイス識別子等）

外部送信先一覧

Webサービス等を利用されるお客様に関する情報を送信している外部のサービスは以下のとおりです。

◆Webサイト

送信先	サービス名	主な送信目的	主な送信情報
Adform A/S	Adform	1	A、D
Adman Media Inc.	ADman Media	1	A、D
Admedo Ltd.	ADMEDO	1	A、D
Admixer LLC	Admixer	1	A、D
Adobe Inc.	Demdex	2-a、3	A、D
Adobe Inc.	Targeting/Advertising	1	A、D

（以下省略）

4　請求権対応

⑴　「請求権対応」およびそのシステム化が求められる理由
　　―本人確認，関係部署への依頼，回答までを迅速に実現

　請求権対応と聞いて，どのような機能なのか，そしてなぜシステム化が求められるのか，具体的に思い浮かぶ人は多くないだろう。2022年4月に施行された改正個人情報保護法では，企業が保有する個人データについて，本人から開示や訂正，利用停止等を請求する権利（以下「請求権」という）が拡充されたものの，わが国では，実際に，請求権が行使されることは少なく，一度も請求権対応をしたことのない企業も多いからである。

　一方，プライバシー保護に関する権利意識の高い欧米では，請求権は頻繁に行使されている。法令上も，請求権について厳格な規定が存在し，請求に対応するまでの期限や，開示する場合のデータの提供方法について詳細に定められており，対応が不十分な場合には制裁金が科される。中には年間数百件という大量の請求を受けている企業もある。さらにグローバル企業の場合は，国によって異なる対応期限や開示方法（ファイル形式など）への対応も求められる。このため，適切かつ迅速に対応するためには，システム導入による標準化と効率化が必須の課題となっている。

　また，企業による顧客の囲い込みを抑止し，サービス間の競争を促進するため，あるサービスに蓄積されたデータを，本人の指示に基づいて他サービスに移動できるようにしてサービスの乗り換えを容易にする「データポータビリティ」の議論がEUを中心に進んでいる。EUのGDPRでは，データポータビリティのための請求権を規定しており，個

人は企業が保有する自己のデータを機械可読な形式でダウンロードしたり，他サービスに直接移し替えたりできる。今後，他国の法制度にも波及する可能性がある（すでにシンガポールではパーソナルデータ保護法の新規定としてデータポータビリティが導入された）。

　現状，請求権について，日本法は欧米ほど厳しく規定されていないが，国際的な動向に鑑みると，今後の法改正によって，企業にさらなる対応が求められる可能性がある。また，グローバル企業においては，国ごとの法規制の差異への対応が必要となり，請求権をめぐる業務の増加が予想される。

(2)　請求権対応システムを導入するメリット

　一般に，企業は，請求権対応のための問合せ窓口（電話またはオンライン）で請求を受け付け，本人確認の手続きを経て，対象データを保有する社内の部署を特定し，対応を依頼する。担当部署は，請求内容を精査したうえで，請求者に関する個人データを抽出し，開示や利用停止等の必要な処理を行う。

　ここでは，(a)請求者の本人確認と(b)対象部署および対象データの特定という2つのボトルネックがある。

(a)　請求者の本人確認

　現状，多くの企業では，本人確認のために公的な身分証明書のコピー提出を請求者に求めるなど，手作業によって実施している。また，開示する情報は，請求者が請求時に指定した方法で提供することが求められており，電磁的記録の提供を指定された場合は，CD−ROM等の媒体で郵送する，電子メールで送信する，Webサイトからダウンロードしてもらうなどの方法に対応する必要がある。

　個人情報保護委員会のガイドラインによると，本人確認の方法は「事

業の性質，保有個人データの取扱状況，開示等の請求等の受付方法等に応じて，適切なものでなければならず，本人確認のために事業者が保有している個人データに比して必要以上に多くの情報を求めないようにする[4]」とされる。したがって，本人確認の認証強度は，利用するサービスの認証レベルに合わせればよく，例えば，アカウント名とパスワードでログインするサービスであれば，ログイン後の画面から追加認証なしに請求することができる。また，オンラインで請求を受け付ければ，オンラインで回答を済ませることができる。

(b)　対象部署および対象データの特定

　社内の複数部署で同一顧客のデータを利用している場合には，対象の部署をすべて特定したうえで全部署に対して一斉に対応を依頼することになる。本章**第1節**で述べたデータマッピングの情報を活用することで，効率的に特定作業を行うことができるが，データマッピングをきちんと実施していない場合には難航することが予想される。

　これらの課題に対して，システム導入が有効であり，以下のメリットが期待される。

メリット①　請求から回答までの時間短縮

　請求から回答まで，企業は複数の部署をまたいで，多くの作業を所定の期間内にこなす必要がある。本人確認のための書類のやり取りを郵送で行う場合はもちろん，請求されたデータについて関係する部署を特定し，一斉に対応を依頼し，各部署の回答結果を集約して請求者に返すまでに多くの工数がかかる。本人確認手続きのオンライン化，関係部署へ

4　個人情報保護委員会「個人情報の保護に関する法律についてのガイドライン（通則編）」の3-8-7　開示等の請求等に応じる手続（法第37条関係）を参照。

の依頼，進捗管理，請求者への回答を同一システム上で実現することで，所要時間の大幅な削減が期待できる。

メリット②　本人確認のさまざまな方法に対応

　システムで作成するフォームでは，サービスへのログイン，メールを使った本人確認等，複数の本人確認の方法を実現できる。フォームで受け付けた請求は企業側の管理画面と連動でき，社内の関係部署の対応状況とあわせて本人確認のステータスも一括で管理することができる。

メリット③　請求者本人が処理状況を確認可能

　通常，請求者は請求の処理状況を確認する場合，窓口に問い合わせることとなる。企業からすると，請求の受付と処理に加えて，処理状況の問い合わせまで対応することになる。請求権対応システムが導入されていれば，請求者はシステムにログインし，自身の請求の処理状況をみずから確認できるため，窓口業務を削減することができる。

メリット④　グローバルで顧客からの対応を同時に実現

　複数国にまたがる顧客から請求を受けた場合に，国ごとに法律で定められた対応期限やデータの提供方法を確認しながら同じシステム上で対応状況を管理できる。請求フォーム上で請求者の所在国を設定することで，選択された所在国に応じて事前に登録された国ごとの対応期限や方式が管理画面に反映される。

(3)　請求権対応システムを利用した業務の流れ

　請求者と企業の担当者が，請求権対応システムを利用した時の具体的な業務の流れとポイントについて説明する。

図表4-22 請求権対応システムを利用した業務の流れとポイント

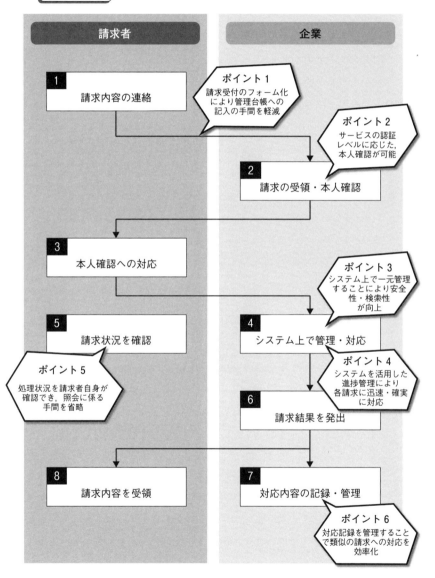

ポイント1　システム化による請求受付の円滑化

　請求権対応は，個人情報の本人である請求者から企業が請求を受け付けるところから開始される。請求受付のフォーム化により，書面での受付に比べ，必要な情報の記入漏れがなくなり，また企業の担当者は受付を管理する台帳に情報を入力する手間を省略することができる（**図表4－23**）。

　また，外国にサービスを提供している場合，当該国の法令に従って対応する場合があり，管理する情報や手続が異なることが想定される。請

図表4－23　請求受付フォーム

求権対応システムでは，こうした法令の差異に対して，国別のフォーム
を用意することにより，一元的な対応が可能である。

ポイント2　本人確認を手軽に実現

　企業の担当者は，なりすましによる個人情報が盗取されるリスクを防
ぐため，請求受付後はまず請求者の本人確認を行う。一般に，公的な身
分証明書のコピーなどで本人確認をすることが多いが，請求者，企業双
方にとって手間がかかり，非効率である。

　請求権対応システムでは，提供するサービスの認証レベルに応じて，
さまざまな本人確認方法（パスワード認証，秘密の質問，Eメールや
SMSによるコード認証，生体認証など）を組み合わせて使用すること
ができ，簡便に本人確認を実行することが可能となる（**図表4－24**）。

図表4－24　**簡易な本人確認プロセス（例：本人確認メールを利用した本人確認）**

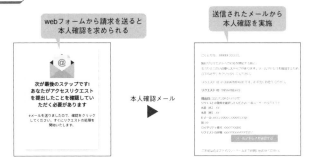

ポイント3　請求内容を一元管理

　本人確認後，企業の担当者は，請求内容をシステム上で一元管理する（**図表4−25**）。書面で管理する場合に比べ，請求文書を安全に保管するためのロッカーの確保が不要となり，電子化によって，文書の検索性も向上する。請求件数が多くなるほど，システム化の効果は大きくなる。

図表4−25　一元管理された請求内容

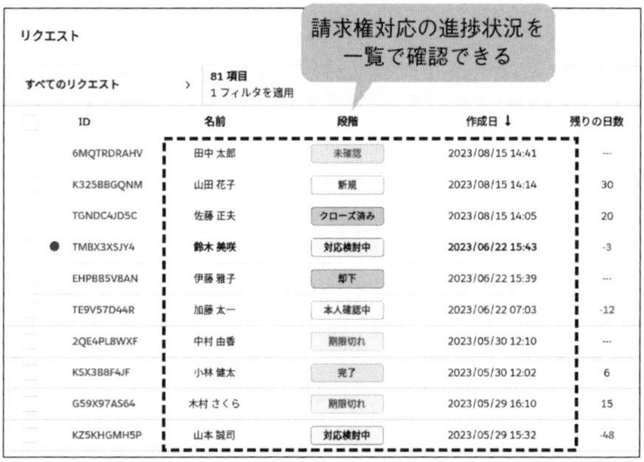

ポイント4　ワークフローによる進捗管理

　企業の担当者は，請求に応えるため，請求者の個人情報を管理する社内の担当部署を特定し，対応を依頼する。しかし，複数の部署にまたがって請求者の個人情報が管理されている場合もあるため，各請求への迅速・確実な対応にあたっては，システムを活用したワークフローによる進捗管理が有効である。

　ワークフローでは，新規請求があるのか，本人確認中なのか，請求への対応方法を検討中なのか，対応が完了したのか，等のステータスを表示し，進捗状況を関係者で共有することで，迅速かつ確実な処理を促進することができる（**図表4−26**）。

　なお「(b)　対象部署および対象データの特定」で述べたとおり，データマッピングがきちんと実施されていないと，どこに請求者の個人情報が管理されているのかすぐに把握することができないため，担当部署探しに時間を要することになる。

図表 4 − 26　ワークフローによる進捗管理

ポイント 5　請求者本人が処理状況を確認

　書面で請求する場合は，請求後に，企業側できちんと処理されているのかどうかを把握するためには，請求者本人が電話等で照会しなければならない。システム化によって，処理状況を請求者自身で確認できるようにすることで，請求者，企業の双方で照会に係る手間を省略できる（**図表 4 − 27**）。

　また，請求受付後に別途，請求者と企業との間で，追加の情報のやりとりが行われる場合，処理状況に追記して管理することで，意思疎通の効率を向上することができる。

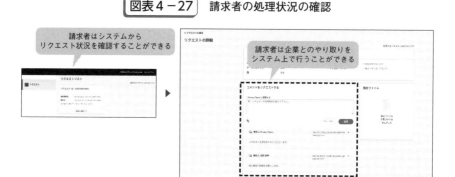

図表4-27 請求者の処理状況の確認

ポイント6　対応内容の記録

　請求権対応は，法定の義務であり，対応の履歴をきちんと記録しておく必要がある。システム化によって，各請求への対応履歴として，請求者，請求内容，受付日時，回答日時，担当部署，担当者，対応内容，対応に要した時間といった詳細な情報を記録しておくことが容易となる。

　過去の対応履歴を迅速に確認できれば，類似の請求に効率的に対応が可能となる。また，業務プロセスの最適化，スタッフの教育，資源配分の改善といった業務の継続的な改善にもつながる。

(4)　他システムとの連携

○同意管理システムとの連携

　同意管理システムは，本人確認の機能を備えている場合があり，この機能を請求権対応システムに連携することで，請求権対応における本人確認を効率的に実施することが可能となる。

　また，同意管理システムでは，オプトアウト等を設定する機能（「プレファレンス設定」や「パーソナルダッシュボード」等と呼ばれることがある）を提供する場合もある。データの利用停止や削除といった請求

権への対応も，こうした同意管理システムが提供する機能を活用することで代替可能である。

○データマッピングシステムとの連携

　請求権対応の担当者は，請求受付後，請求者の個人情報を管理する社内の担当部署を特定し，対応を依頼する。このとき，データマッピングシステムが整備されていると，どこに請求者の個人情報が管理されているのか迅速，かつ網羅的に把握することが可能となる。

　なお，請求権対応システムをデータマッピングシステムと直接連携する必要はなく，両システムの画面を相互に参照することで対応は可能である。

○データディスカバリシステムとの連携

　データディスカバリシステムには，企業内に記録されている請求者のデータをすべて検索・抽出して，まとめてレポーティングするという機能がある[5]。この機能を活用すれば，社内のさまざまなシステムから機械的にデータを取り出し，請求に必要な情報を迅速に探し出すことが可能となる。

　外国の法令には，企業が保有する当該請求者の全パーソナルデータを請求権の対象としている国があり，そうした国に所在する企業では，この特定個人を対象にしたデータディスカバリ機能との連携は有効である。なお，日本の個人情報保護法における請求権の対象は，企業の負担を考慮して，保有個人データのみに限定されているため，日本法への対応のみであれば，ここまでの機能は必要ない。

5　onetrust社のシステムでは，「ターゲットデータディスカバリ」（Target Data Discovery, TDD）と呼ばれ，通常のデータディスカバリとは区別されている。

　ただし，この機能を適用するには，各システムがデータディスカバリ
に対応している必要があり，情報セキュリティ上の課題を事前に解決し
ておく必要がある。

データポータビリティ権とアクセス権

　EU（欧州連合）の個人情報保護法に相当する一般データ保護規則（GDPR：General Data Protection Regulation）では，世界に先駆けて「データポータビリティ権」が創設され，個人は，企業が保持する自己のデータを，構造化された機械可読な形式でダウンロードしたり，他事業者へ直接移転したりすることのできる権利が認められた。データポータビリティ権は，一見，自身の個人情報がどのように取り扱われているかを企業に確認するための「アクセス権」（日本の個人情報保護法における「開示請求権」に相当）と類似しているようであるが，企業によるデータの囲い込みを抑止し，市場の競争性を確保しようという競争政策的な意義を持たせた新しい権利であり，請求できるデータや提供されるデータ形式等に差異がある（**図表４−28**）。

　米国カリフォルニア州では，消費者プライバシー法（CCPA：California Consumer Privacy Act）において，開示請求権を拡充し，機械可読なフォーマットでのデータ提供を義務付けることで，実質的にデータポータビリティを実現している。

　個人情報保護法では，令和２年改正において，電子データでの個人情報の開示請求ができるようになったが，機械可読であることまでは求められておらず，データポータビリティ権に相当する規律はない（2023年時点）。ただし，世界的な潮流に鑑みて，データポータビリティへの対応ができるよう準備しておくことが賢明であろう。

図表４−28　GDPRにおけるデータポータビリティ権およびアクセス権の比較

	データポータビリティ権（20条）	アクセス権（15条）
趣旨	・個人が，自己のデータをコントロールする権利の強化 ・市場の競争性の確保	・自己に関する個人データが取り扱われているか否かの確認 ・個人データへのアクセス
請求できるデータ	・本人が直接・間接に提供したデータ 　ただし，事業者が，本人から取得したデータを加工したデータ（派生データ），データから推知したデータ（推知データ）は含まれない。	・管理者，データ保護責任者の連絡先，データの取扱い目的，法的根拠，提供先，越境移転の状況，データ取扱いに関する個人の権利　等 ・取り扱われている個人データすべて
提供されるデータ形式	・構造化された機械可読な形式	・特に指定なし（電磁的手段で請求された場合は，電子データで提供する。）
請求者の負担	・原則無償	・無償（２回目以降は，合理的な手数料を課金可能）

5　インシデント対応

(1)　「インシデント対応」およびそのシステム化が求められる理由
─緊急対応を迅速・確実に実施

　個人情報の漏えいをはじめとするインシデントは，事態を悪くすると報道で大きく取り上げられ，取引先や消費者からの信頼や企業イメージを失墜させるリスクがある。加えて，情報漏えい等の重大なインシデントが発生した際，企業は適切な対応を迅速に講じる必要があり，法的義務も規定されている。令和2年個人情報保護法改正では，個人データ[6]の漏えい等が発生し，個人の権利利益を害するおそれがあるときには，個人情報保護委員会（以下「個情委」という）への報告と，本人への通知が義務化された。

　個情委への報告は，発生の把握から3〜5日以内の速報と，30日以内の確報の二段階があり，報告用の様式は個情委が提供している。速報では，影響する個人データの人数規模を報告しなければならないが，発生を把握してから数日のうちに，社内のシステムに分散する個人データから対象者を名寄せして，影響範囲がどこまでなのかを迅速に把握する必要がある。

　また，本人への通知は，対象者を迅速に抽出し，郵便・メール等により適切な期間内に連絡する必要があり，常時から連絡先の情報が最新となるようメンテナンスしておく必要がある。

　さらに，EUのGDPRをはじめ，各国法でインシデント対応に係る義

6　個人情報のうち，検索できるよう体系的に構成したデータベースで管理されているものをいう。

務が規定されている。報告や通知の期限・内容・方法は各様で，グローバルにビジネスを展開する企業であれば，どの国・地域で，いつ・どのようなインシデントが発生し，どこまでが影響範囲であり，どのような方法で，いつまでに対応するのか，現地法人と当局とのやり取りの状況を含め，適切な管理が求められる。

　インシデント対応システムでは，インシデントが発生した時点から，当局への報告，本人への通知までをワークフローにより一貫して管理することができる。また，データマッピング機能と連動させることで，影響範囲の迅速な特定に役立ち，不正検知システムと連動させれば初動を速くでき，インシデント対応を強力に支援する。

⑵　インシデント対応システムを導入するメリット

　当局への報告，本人への通知のタスクを中心に，システムの導入により業務にどのような効果をもたらすかについて説明する。また，インシデント対応は，情報セキュリティ対策とプライバシー保護の両方の領域にまたがることから，担当する部署を，セキュリティとプライバシーのいずれの組織が担う場合でも通じるよう「インシデント対応部署」と表記する。

メリット①　ワークフローによる進捗管理及び情報共有で意思決定を円滑化

　インシデント対応においては，被害の状況や社内システムの脆弱性等，機密性の高い情報のやり取りが必要となる。これらは，社外はおろか社内においても共有範囲を限定して取り扱うべき情報といえる。

　インシデント対応システムでは，ワークフローにより，対応の各段階で社内の誰に情報を共有するか，誰に対して報告するかを事前に設定す

ることができる。そのため，関係者以外に情報が共有されたり，必要な情報が共有されなかったりすることを防ぐことができる。また，情報が意思決定者にスムーズに共有されることで，限られた時間の中で多くの判断と対応が求められる危機対応において，迅速な意思決定により後工程への円滑な着手を実現できる。

メリット②　国ごとに異なるルールに沿って漏れなく管理

　インシデントが発生した場合，その規模や内容に応じて当局への報告，本人への通知等を法的義務として行う必要がある。例えば，日本の個人情報保護法であれば，漏えいした個人データについて，要配慮個人情報が含まれる場合，本人に財産的被害が生じるおそれがある場合，1,000人超の場合等が当局への報告対象となる。また，速報（3～5日以内）と確報（30日以内）の二段階で報告が必要であり，報告は個情委が提供しているフォーマットを利用する。本人への通知については，郵送・メールのほか，ホームページでの公表も認められており，おおむね3～5日以内に行うことが定められている。

　ただし，これは日本法の話であり，現地法人等，日本国外の拠点でインシデントが発生した場合には，その国の法律が適用される。例えば，EUのGDPRでは，インシデントの発生を把握した時点から72時間以内に各国当局への報告と遅滞なく本人へ通知する義務がある。このように，国内外に複数の拠点を持つ企業の場合，インシデント時に必要な対応の期限や事項が異なり，それぞれの期限を守りつつ迅速な対応を迫られる。

　インシデント対応機能では，登録された案件ごとに適用される法律に基づいて，定められた期限や対応事項を一覧で管理することができる。また，国外の現地法人で生じたインシデントについて，現地法人と当局とのやり取りの状況をシステム上で本社から確認することもできる。グローバルにビジネスを展開する企業において，グループ内で発生したイ

ンシデントを抜け漏れなく管理するうえで非常に有用といえる。

⑶　インシデント対応システムを利用した業務の流れ

　企業の担当者が，インシデント対応システムを利用する時の具体的な業務の流れとポイントについて説明する（**図表4-29**）。

図表4-29　インシデント対応システムを利用した業務の流れとポイント

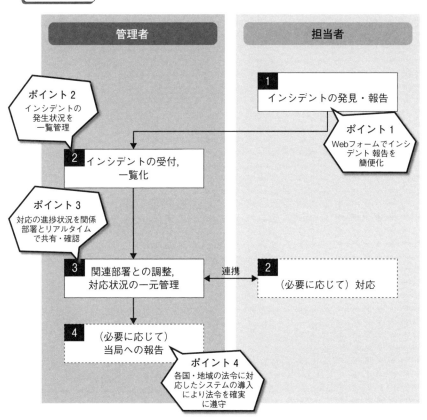

ポイント1 Webフォームでインシデント報告を簡単・便利に

インシデント対応は，インシデントの発生を把握した者からの報告によって開始される。Webフォームを用いた報告にすることで，記入漏

図表4-30 インシデント報告フォーム

れを防ぎ，選択式や自動入力を組み入れるとさらなる簡便化につながる（**図表4−30**）。

　また，グローバルに事業を展開する企業の場合，各国のデータ保護法に従った対応が求められることがある。インシデント対応システムで，国や地域ごとの入力フォームを用意しておけば，法令の差異に対しても，フォームの切替によって簡便に対応することができる。

ポイント2　発生したインシデントの一元管理

　インシデント発生時には，原因の確認や影響範囲の特定，さらには意思決定のために，社内のさまざまな部署と連絡を取り合う必要がある。

　インシデント対応システムでは，さまざまな部署や地域との連絡を一元管理でき，インシデントの状況や対応の進捗状況をリアルタイムで確認することが可能である。また，関連部門や経営層への情報共有もスムーズに行える（**図表4−31**）。

図表4−31　インシデント一覧画面

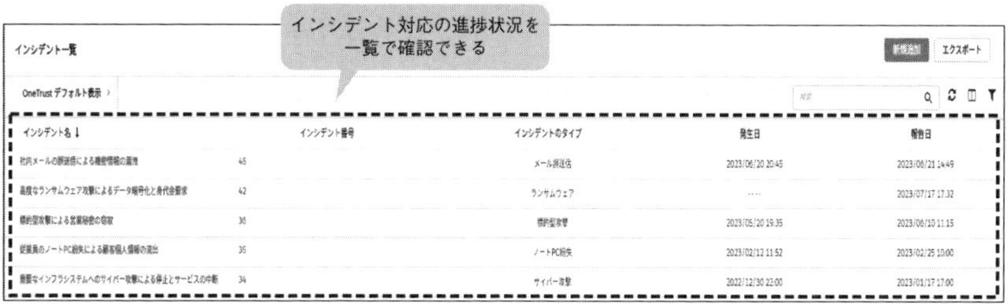

ポイント3　ワークフローによる進捗管理

　インシデント対応では，発生原因の情報収集，影響範囲の特定，対応策の迅速な判断が求められ，正確な情報の把握と進捗管理が不可欠である。

　インシデント対応システムの機能であるワークフローを導入することで，インシデント対応のプロセスがクリアになる。プロセスを具体的な例を用いて説明する。社内のサーバーでの不正アクセスが検知された場合，IT部門がまず「オープン」として報告を行う。この段階では，不正アクセスの原因やどのデータが影響を受けているのか等の初期情報の収集が行われる。その他，「報告段階」で詳細な情報が収集された後，「報告承認段階」で上層部や関連部門に通知される。報告が完了したら，次にセキュリティ専門家のチームが対策を施す「対応段階」に入り，問題が解決したら「対応承認段階」でその対策の適切性が評価される。問題が完全に解決されたことが確認できれば「対応完了」となる。この一連のフローをスムーズに進め，関連部門間のコミュニケーションを助ける役割として，ワークフローの機能が有効である（**図表4－32**）。

図表4－32　インシデントの対応状況とタスクの割り当て

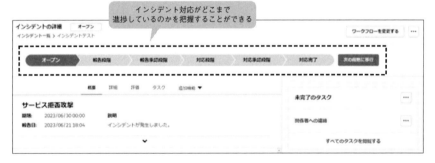

ポイント4　各国法令ごとのインシデント対応の効率化

　グローバルに事業を展開する企業にとって，各国・地域の法令に則ったインシデント対応は必須の課題である。異なる国や地域ごとにデータ保護や情報セキュリティに関する法令や規制が存在するため，一律の対応では不足するためである。

　各国・地域の法令に対応可能なインシデント対応システムを活用することで，報告事項・報告様式，報告期限をはじめとするタイムスケジュール，報告対象の当局の連絡先等を効率的に管理し，法令遵守を確実に行い，法的リスクを軽減することができる（**図表4－33**）。

図表4－33　**各国法令のインシデント対応の効率化**

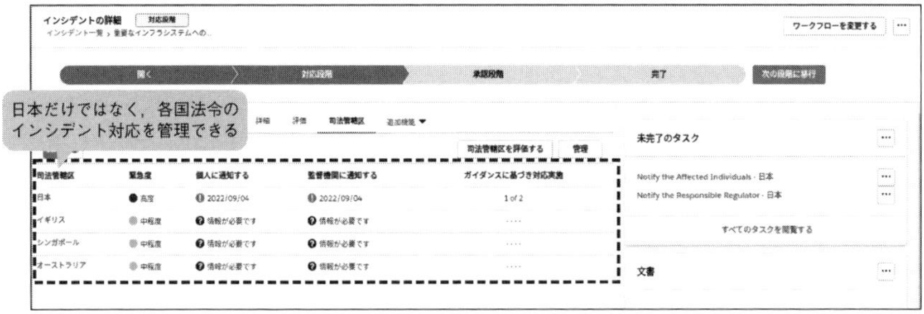

⑷　他システムとの連携

○データマッピングシステムとの連携

　データマッピングシステムは，個人情報がどこに保存され，どのように使われているかを把握するためのものである。データマッピングによって管理された情報は，インシデントが発生したときに，その原因や影響範囲を迅速に特定するために必要となる。

　なお，インシデント対応システムを，データマッピングシステムと直接連携する必要はなく，両システムの画面を相互に参照することで対応は可能である。

○請求権対応システムとの連携

　個人情報保護法では，個人情報が漏えいした場合，個人情報の本人は，自身の情報の利用停止を企業へ請求することが認められている。すなわ

ち，インシデント対応によって，個人情報の漏えいを本人に通知した後に，当人から個人情報の利用停止を請求されることが想定される。このとき，インシデント対応システムによって，インシデントに係る連絡をした本人の情報を管理しておけば，当人から利用停止の請求がなされた場合に，その請求が妥当なものであるか迅速に判断し，速やかに利用停止することが可能となる。

⑸ より高度な利用方法

○インシデント検知システムとの連携

外部からの攻撃をはじめとするインシデントを自動的に検知するシステムを，インシデント対応システムと連携することにより，新規インシデントの登録を自動化することができ，迅速に対応を開始できるようになる。

インシデント対応システムには，API連携によって，インシデント検知システムから自動で情報を受け取ることができるものがあり，システム導入時に連携機能を組み込むことで，迅速・確実に初動対応ができる。情報保全の観点からは，インシデント検知と対応の統合は必須であり，組織の情報セキュリティを強化し，リスク管理を向上させる手段となる。

コラム

ランサムウェアによる被害は，漏えい等報告の対象か？

　情報処理推進機構（IPA）が毎年公表している「情報セキュリティ10大脅威」の2023年版では「ランサムウェアによる被害」が組織にとっての１位にランクされており，これは３年連続という。ランサムウェアはコンピューターウイルスの一種で，PCやサーバーが感染すると，端末のロックや，データの暗号化が行われ，攻撃者から，その復旧と引き換えに金銭を要求されるというものである。また暗号化に加え，重要な情報を窃取されたり，さらにその情報を公開すると脅されたりすることもあり，企業にとって，文字通り，重大な脅威となっている。

　では，個人情報を管理するデータベースがランサムウェアに感染した場合，個人情報保護委員会へ報告する義務はあるのだろうか。

　個人情報が暗号化されて使えなくなっただけで，データが外部へ送信されていないのであれば，漏えいには該当しない。ただし，報告義務の対象は，「漏えい等」であり，この「等」には，滅失（データが失われること）と毀損（データが使えなくなること）が含まれるため，報告義務は課せられ得る。ただし，バックアップ等から元のデータを復元することができるのであれば，滅失や毀損には当たらず，報告を求められることはないと考えられる。さらに，仮にデータが外部へ送信されていたとしても，高度な暗号化等の秘匿化がされている場合，漏えいに係る報告義務は免除される。

　このように，ランサムウェアによる被害が，漏えい等報告の対象に該当するかどうかは，状況をよく考慮して判断することが求められる。

6 ベンダーリスク管理

(1) 「ベンダーリスク管理」およびそのシステム化が求められる理由
―委託先ベンダーを適切かつ効率的に管理し，法令違反や情報漏えいのリスク低減を支援

　個人情報保護法では，委託先の監督義務が企業に課せられており，ガイドラインでは，(1)適切な委託先の選定，(2)委託契約の締結，(3)委託先における個人データ取扱い状況の把握の3つが具体的な実施事項として示されている。プライバシーテック製品では，(1)～(3)に確実・効率的に対応するための機能が充実しており，ベンダーリスク管理（VRM：Vendor Risk Management）[7]と呼ばれる。

　ベンダーリスク管理が不十分な場合，個人情報の保護体制が十分でない委託先ベンダーを選定したり，個人情報の取扱いを制限する規定が不十分な契約を交わしたり，監督不十分で委託先の不正を見過ごしたりして，コンプライアンス違反や情報漏えいの発生するリスクが高まるおそれがある。

　実際，過去に発生した大規模な情報漏えい事件は，委託先ベンダーの不適切な管理体制に起因するものが多い。さらに近年，国境を越えたデータの移転を規制する法令が多くの国で成立しており，ベンダーが所在する国がどこで，データを保管するサーバーがどの国に所在するのかについて管理が不十分であると，法令違反に問われるリスクがある。

　以上述べたように，ベンダーリスク管理は，企業にとって焦眉の課題となっている。ベンダーリスク管理システムを導入することで，企業は，

---

[7] サードパーティリスク管理（TPRM：Third Party Risk Management）とも呼ばれる。

ベンダーの選定から契約締結，データの取扱い状況の把握に係る煩雑な
管理プロセスの運用を効率化するとともに，コンプライアンス確保を確
実にし，情報漏えいリスクを低減することが期待できる。

⑵　ベンダーリスク管理システムを導入するメリット

　ベンダーリスク管理システム（以下「VRM」という）を導入するメ
リットについて，個人情報・プライバシー保護の観点とあわせて，一般
的な取引先管理の観点から述べる。

メリット①　資格要件に適合する委託先ベンダーを効率的に審査・選定できる

　一般の取引先管理システムでは，まずベンダー登録を行う。その後，
あらかじめ定義したベンダーの資格要件に適合するかどうかをベンダー
に確認し，その回答結果を審査のうえ選定を判断する。VRMでは，一
般的な取引審査に必要なベンダーの企業情報や与信情報に加え，ISMS
等の情報セキュリティやプライバシー保護に係る認証の取得状況をデー
タベース化して管理しており，さらに要求に応じて，直接企業に照会を
行って回答を得る機能を提供している。これにより，資格要件に適合す
る委託先を効率的に審査・選定することができる。

メリット②　契約管理業務の省力化

　個人情報の取扱いを委託する場合は，通常の委託契約の条項に加え，
個人情報を安全に取り扱うための上乗せの規定を記載したり，覚書を締
結したりすることが必要である。VRMでは，個人情報の取扱いを委託
する場合の契約書や覚書のテンプレートを提供する。
　また，VRMには，締結した契約書の情報を管理し，契約の有効期限，

改訂履歴，関連する条項や条件などを追跡し，契約の更新日が近づくと自動的に通知を発して，更新の見落としを防ぐといった省力化の機能を有しているものもある。さらに検索機能を用いれば，個々の契約条項や特定のベンダーに関連する情報を抽出することができる。これにより，重要な契約内容の確認作業や契約の比較，または特定の契約問題を調査するための時間を節約し，契約管理業務の効率化が可能となる。

メリット③　ベンダー評価情報の一元管理

　個人情報の取扱いを委託するベンダーとは，長期的な関係を構築・維持することが重要で，継続的にベンダーを監査して，委託契約で盛り込んだ内容が着実に履行されているか評価することが求められる。VRMを用いることで，ベンダーに対する監査の実施や監査結果をとりまとめて報告する業務を効率的に行うことができる。

　一元管理されたベンダー情報を活用することで，ベンダーとの関係性をより深く，より多角的に分析することが可能で，これにより，企業全体で最適なベンダーとの関係性構築に寄与する。

メリット④　ワークフローによる進捗管理とタスクの効率化

　VRMでは，資格審査や監査を実施する際に生じるベンダーや社内の関係部署とのやり取りを，ワークフロー上で，直感的にかつ効率的に管理することが可能である。

　ワークフローでは，ベンダーに照会中なのか，回答を審査中なのか，あるいは交渉中なのか，といったステータスを表示することで，進捗状況やベンダーによるレスポンスを瞬時に追跡・確認することができる。

(3)　ベンダーリスク管理システムを利用した業務の流れ

　企業の担当者が，ベンダーリスク管理システムを利用する時の具体的な業務の流れとポイントについて説明する（**図表4-34**）。

図表4-34　ベンダーリスク管理システムを利用した業務の流れとポイント

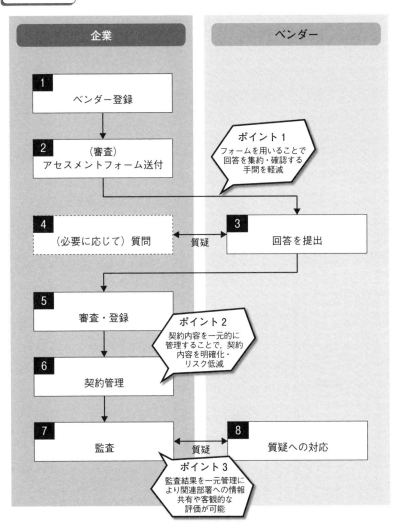

ポイント1 ベンダーからの申告受付業務をフォーム活用により効率的に実施

　ベンダーリスクマネジメントのプロセスは，企業が取引先やベンダーとの関係を効果的に管理し，リスクを最小化するものである。このプロセスは，取引を予定するベンダーのシステムへの登録から始まり，基本的な企業情報や与信情報の収集が行われる。

　その後，取引に必要な資格や認証，その他の要件を設定する。これらの要件に基づき，ベンダーにアセスメントを依頼し，ベンダーからの回答を受け取る。ベンダーからの回答はフォームを利用した方法で行われる。従来の手書きやメールでの回答に比べ，情報の不足やミスを減少させることができる。また，企業の担当者は，このフォームを通じて回答を集約・確認する際の手間も軽減される（**図表4－35**）。

図表4－35 ベンダーに対するアンケート回答画面

　回答に不明点や詳細が必要な場合は，質疑応答を行い，回答内容に問題点やリスクがあれば，それを記録し対応策を検討する。VRMは，これらの回答とともに，情報セキュリティやプライバシー関連の認証の取得状況などの情報をデータベース化し，管理する（**図表4−36**）。

　最終的に，すべての情報と回答をもとに評価を完了し，データベースに記録する。情報セキュリティやプライバシー関連の認証の取得状況も考慮に入れられ，企業はベンダーとの取引リスクを効果的に管理し，最小化することができる。

図表4−36　各ベンダーに関する詳細な情報の管理

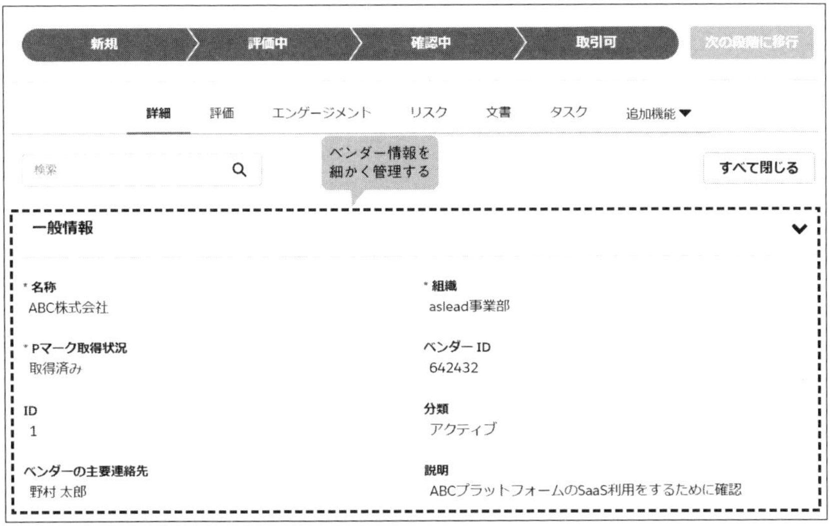

ポイント2　個人情報取扱いベンダーとの契約管理の最適化

　個人情報の取扱いを伴うベンダーとの契約には，特別な規定や覚書が不可欠である。これらの契約内容を一元的に管理することは，内容の明確化やリスクの低減に寄与する。従来の管理方法では，情報の散逸や更

新の見落とし，そして誤った契約内容の参照といったオペレーションミスが生じやすい。

　VRMの導入により，これらのオペレーションミスの発生を効率的に抑止することができる。VRMでは，各ベンダーとの契約状況を視覚的に確認することができるため，契約の更新や終了が迫っている場合に，適切に対応することが可能である。

　さらに，VRM上でベンダー情報を一元管理することで，ベンダーごとの契約内容や条項の変更を素早く把握し，その都度適切な契約管理を実施することができる。

ポイント3　ベンダー監査の効率化と一元管理

　個人情報の取扱いを委託するベンダーについては，継続的な監査と評価が必要である。監査を通じて，契約に盛り込んだ内容が適切に履行されているかを確認することが求められる。監査結果を一元管理することで，ベンダーとの関係性の深化や多角的な分析が可能となり，企業全体での最適なベンダーとの関係構築が促進される。

　VRMの導入により，上記のようなベンダー監査の業務が効率化される。このシステムにより，ベンダーに対する監査の実施や結果の報告が容易となる。また，システム上でのベンダー評価情報の一元管理により，ワークフローを通じての進捗管理や，関係部署とのやり取りを直感的かつ効率的に行うことが可能となる（**図表4-37**）。

　さらに，監査の過程で，具体的な情報収集や評価を効率化する手法として，審査時と同様にフォームの利用が考えられる。ベンダーは，フォームを通じて，自らの実績や取組みを具体的に示すことができるため，監査を行う企業側は，客観的な情報を基にベンダーのパフォーマンスを評価できる。

図表4-37 各ベンダーに関する詳細管理

⑷　他システムとの連携

　VRMは，PIA等のリスク評価，請求権対応，インシデント対応と相互に関係している。

　PIA等のリスク評価では，VRMにより，ベンダーごとのコンプライアンス状況を評価し，それを全体の評価に活用することができる。

　請求権対応においては，VRMにより委託先が管理する個人データの詳細を把握していることで，開示等の請求への円滑な対処が可能になる。

　インシデント対応においてVRMは，データ漏えいやセキュリティインシデントが発生した際の対応時に活用が期待される。例えばベンダーからのデータ流出が発生した場合には，該当のベンダーを直ちに特定し，対応策を実施することが可能となる。

コラム

もう1つのVRM

　プライバシーテックでVRMといえば一般に，Vendor Risk Management の略称で，データ処理の委託先事業者の監督を支援するツールをいい，本書ではベンダーリスク管理と呼称している。実は，個人情報保護の世界では，略称は同様にVRMであるが，全く別の意味の用語として，Vendor Relationship Managementと呼ばれる，ベンダーとの関係性を管理するツールや仕組みがあるので注意されたい。

　こちらのVRMは，顧客関係性管理（CRM：Customer Relationship Management）のCustomerをVendorに置き換えたものである。2000年代後半から，企業が収集した個人の行動履歴データに基づいて個人の趣味嗜好を推測し，商品・サービスのプロモーションをする活動が顕著になり，それを疎ましいと感じる層の不満が募っていた。このような企業主導の経済から，パーソナルデータを本人のもとに取り戻すべきという機運が高まり，本人が自分の意思（インテンション）で，自身のデータをコントロールできる仕組みとして，Vender Relationship Management（VRM）およびVRMによる経済として「インテンション・エコノミー」が提唱されたのである[1]。

　このVRMは，「個人が自分の"意思"を特定の企業に提供して，最適な消費・サービスを提供してもらうこと」をコンセプトとしており，データ活用の主導権は個人側にある。「4　請求権対応」で紹介したデータポータビリティ権は，本人の意思で自身のデータを持ち運ぶことができるようにするもので，このVRMの思想と整合するものである。

[1]　Doc Searls "The Intention Economy : When Customers Take Charge"（2012年）

図表4-38　VRMは「企業から個人に主導権を移すこと」をコンセプトとしている

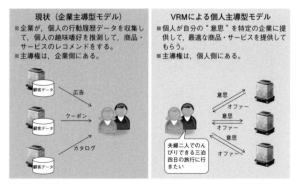

7　データディスカバリ

(1)　「データディスカバリ」が求められる理由
　　　—パーソナルデータを自動で検出して分類する

　データディスカバリとは，プライバシーテックの文脈では，データベース（以下「DB」という）全体をスキャンしてDB内に格納されているパーソナルデータを自動で検出し，それが氏名なのか，住所なのかといったデータ種別を自動で分類することができる機能またはそのシステムをいう。本節ではデータマッピングを行う際に，担当者によるデータの把握や分類を自動化する活用方法について紹介する。

　データマッピングでは，DB上に記録されているパーソナルデータについて，データ種別，利用目的，取得方法，保存期間，委託の有無等のプライバシー保護に必要なさまざまな情報を整理する（詳細は「1　データマッピング」を参照）。このとき，DBのデータレイアウトをはじめとする設計資料があればよいが，もしそうした資料がない場合，DB上にどのようなパーソナルデータが保存されているのかを，人手で網羅的かつ迅速に把握することは難しい。またデータの把握や分類は担当者の習熟度に依存することになり，管理の水準もばらつくおそれがある。このため，パーソナルデータを自動的に検出・分類することのできるデータディスカバリが求められるのである。

(2)　データディスカバリを導入するメリット

　データディスカバリの導入によって得られるメリットは大きく2点ある。

メリット①　網羅的かつ迅速・均質にDB上のパーソナルデータを検出・分類できる

　担当者はDBのデータレイアウトを把握せずとも，DBにどのようなパーソナルデータが含まれているかを網羅的かつ迅速・均質に検出・分類できる。

　人手で膨大な時間と品質のばらつきが発生する作業を，システム処理に置き換えることができ，大幅に人件費を削減することができる。

メリット②　検出・分類のロジックを明確にできる

　人手で検出・分類を実施する場合は担当者が暗黙知で把握していた作業を，明文化されたロジックで実施することができ，作業をトレースすることが可能となる。

　担当者が変更になった場合も，前の担当者がなぜそのように判断したかを引き継げることで継続的な管理が可能になる。

(3)　データディスカバリを利用した業務の流れ

　データディスカバリを，データマッピングを実施する際に適用する場合における業務の流れについて説明する（**図表4－39**）。

図表4−39　データディスカバリを利用した業務の流れとポイント

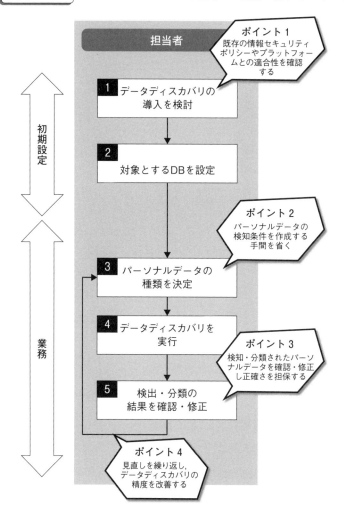

ポイント1　既存の情報セキュリティポリシーやプラットフォームとの適合性を確認する

　データディスカバリを，パーソナルデータが格納されたシステムに適用する場合，事前に情報セキュリティポリシーとの適合性を確認する。データディスカバリは，DB全体をスキャンするため，ポリシー上の制約で，社外サービスとの連携が禁止されている場合があるからである。そのため，自社のポリシーに応じて，データディスカバリを社外サービスで実施するのか，オンプレミスで実施するかを検討することが重要である。

　また，データマッピングを行う対象のデータ資産や処理活動のデータを記録しているDBを，データディスカバリの対象として接続するにあたって，接続可否の確認を行う。例えばonetrustは，さまざまなプラットフォーム上のDBに対してデータディスカバリを実施することが可能である（**図表4-40**）。テックツールによって接続可能なプラットフォームは異なるため，実装にあたってはこれらをあらかじめ確認したうえで検討を進める。

図表4-40 onetrustのデータディスカバリが接続可能なプラットフォーム[8]

DBの分類	接続可能なプラットフォーム
汎用データベース	Amazon DynamoDB, Amazon Redshift, ElasticSearch, Generic JDBC, Google BigQuery, Google BigTable, IBM Db2, Microsoft SQL Server, MongoDB, MySQL, Oracle RDBMS, PostgreSQL, SAP HANA, Snowflake, Teradata
ストレージ	Amazon S3, Box, Google Drive, O365 OneDrive, O365 SharePoint, SMB
ウェブアプリ	Google Workspace Gmail, O365 Exchange, Salesforce, Zendesk

ポイント2　パーソナルデータの検知条件を作成する手間を省く

　データディスカバリを用いて，DBにどのようなパーソナルデータが含まれるかを自動で検出・分類するにあたって，対象とするパーソナルデータの種類を選択する。

　検出できるパーソナルデータの種類は「分類子」と呼ばれる。テック製品によっては，新たに分類子を定義して利用できるだけでなく，システムに標準で用意されている分類子を利用できる（**図表4−41**）。システムに標準で用意されている分類子を用いることで，パーソナルデータの検知条件を作成する手間を省くことが可能となる。

図表4−41　データディスカバリで分類可能なデータ種別の例

分類子	説明
Address	個人の住所，または組織が所在する場所
Age	個人の年齢
CreditCard	クレジットカードを識別する一連の数字
DateofBirth	生年月日
DriverId	運転免許証に割り当てられた番号
EmailAddress	個人のEメールアドレス
FullName	個人の氏名
Phone	電話番号
ZipCode	郵便番号
UserName	アカウントを識別するユーザー名

ポイント3　検知・分類されたパーソナルデータを確認・修正し正確さを担保する

　担当者はデータディスカバリによって検知・分類されたパーソナルデータを参照し，結果が正しいかどうかを確認する。データディスカバリでは，ロジックを定義して網羅的かつ迅速・均質にパーソナルデータ

を検出・分類するまでをシステムで実施するが，最終的な判断は担当者が行い，正確さを担保する必要がある。

　担当者は，検出・分類が間違っている場合，正しい情報に修正する。多くのデータディスカバリ製品では，自動判定した分類がどの程度の確度で正しいかを表す「信頼スコア」が付与されており，この値を参考にすることで，担当者は正すべきデータを容易に見つけることができる（**図表4-42**）。

図表4-42 検知・分類されたパーソナルデータの確認で参考にできる情報

分類子ごとの検知件数

分類子	検出件数
Address	27,388
Age	10,098
CreditCard	7,549
DateofBirth	6,242
DriverId	4,930
EmailAddress	3,987
FullName	3,191
Phone	2,778
ZipCode	1,676
UserName	678

選択 ▶

Ageに分類されたデータの詳細

DB	フォルダ／テーブル	ファイル／カラム	分類	信頼スコア
Google Drive	UserData	年齢のみ.csv	Age	高い
Google Drive	UserData	ユーザー情報.csv	Age, FullName, Phone, UserName	低い
Gmail	Inbox	受信ファイル.text	Age, Address	低い
Gmail	Outbox	送信ファイル.text	Age	高い
MySQL	user_table	age	Age	とても高い

ポイント4　見直しを繰り返し，データディスカバリの精度を改善する

　データディスカバリの検知・分類の精度を高めるためには，検出・分類の結果をもとに，利用した分類子が適切であるかの見直しを繰り返すことがポイントとなる。検知・分類の精度が向上すると，担当者による確認・修正の手間の削減につながる。さらには，データディスカバリを業務として継続することにより，DBに新しいデータ領域やパーソナルデータが増えたことを的確に検知することが可能となる。

⑷　他システムとの連携

　データマッピングを行う際に，データディスカバリを利用することで，作業の効率化を期待できる。

　また，本節では説明を省略したが，請求権対応にもデータディスカバリは有効である。特定の個人に関するパーソナルデータに対象を絞って，DBを横断的にスキャンして抽出することに用いられる。詳細は，「4 請求権対応」を参照のこと。

データベースで海外の最新動向を把握

　本書の読者の大半は，日本に拠点を置く企業に所属していると予想されるが，自社の拠点が海外にあったり，海外の顧客に対して製品・サービスを提供したりしていることもあるだろう。その場合，日本法だけでなく，適用される各国の法令にどう対応するか，日々頭を悩ませているのではないだろうか。

　日本の個人情報保護法は，3年ごとの改正が予定されているが，海外の個人情報保護やプライバシーの分野の法制度においては，重大事案の発生に伴うイレギュラーな法改正，当局の積極的な執行，裁判所の判断による運用の変更など，目まぐるしい変化に対して迅速な対応が求められる場合も多い。

　対象国が複数の場合は，各国について情報収集が必要となるが，すべての重要情報に英語でアクセスできるとは限らず，また，1国のみであっても米国のように州レベルで法令が存在する国もあり，迅速な情報収集は大きな課題となるだろう。

　これらの最新動向について，迅速かつ効率よく情報を収集するための解決策として，個人情報保護・プライバシーに特化したデータベースを紹介する（本コラムではonetrust社が提供するDataGuidanceを例に説明する）。

　データベースの主なメリットは2つある。

⑴　世界中の最新ニュースに英語のみでアクセス

　データベースは各エリアの担当者が現地語で情報収集し，毎日，英語で更新を行っている。対象エリアは欧米の主要国にとどまらず，アジア，ラテンアメリカ，中東，アフリカ等，非常に広範囲をカバーしている。当局による執行や裁判所による判断の速報に加え，当局が公表したガイダンスの概要や，政府・議会で検討されている改正案についてもすべて英語で提供されており，調査したい国に関する最新情報を幅広く収集することができる。

図表4－43　各国の最新ニュースの検索画面

(2)　現地の法律家による専門記事の提供

　ニュース記事で多くの情報を収集した後，今後の動向を見据えた具体的な対応策の検討には情報の解釈が必要となる。データベースでは各国の法律事務所と提携し，所属する弁護士等の専門家が執筆した記事を読むことができる。例えば，法令の制定から現在までの経緯，今後の改正に関する動向，複数国の法令間での内容比較や，ニュースの体系的な分析，わかりやすい解説等が提供されている。ニュースで最新情報を追うことに加え，その国の個人情報保護・プライバシーに関する環境を把握するうえで，良い手がかりになるだろう。

図表4－44　法律家による専門記事の例

その他のデータベースとして，非営利団体であるIAPP（International Association of Privacy Professionals）が運営するデータベースもある[1]。いずれも有料購読者向けのイベント等，充実したサービスを提供しており，グローバルな情報収集のツールとして非常に有用である。

(1) IAPP　https://iapp.org/

第5章

プライバシー強化技術（PETs）

○ プライバシー強化技術 (PETs：Privacy Enhancing Technologies) の全体像

　PETsとは，パーソナルデータの取扱いに際して，プライバシーを保護するための技術の総称である。データの有用性とプライバシー保護とはトレードオフの関係にあり，一般的に，プライバシー保護のためにデータを加工すると，データの有用性は低下する。このためPETsは，プライバシーを必要なレベルで保護しつつも，データの有用性をできるだけ確保することを目的としている。

　PETsの種類や研究・活用は拡大しており，さまざまな国際機関や諸外国のプライバシー保護当局がPETsの定義や分類をしているが，未だ国際的に標準となる普遍的なものは定まっていない。このため本書では，経済開発協力機構（OECD）の文書[1]による分類を参考にして整理する（**図表5－1**）。それらの概要は**第1部第1章**で記したとおりである。

1　OECD "EMERGING PRIVACY ENHANCING TECHNOLOGIES-CURRENT REGU-LATORY AND POLICY APPROACHES"（2023年3月）

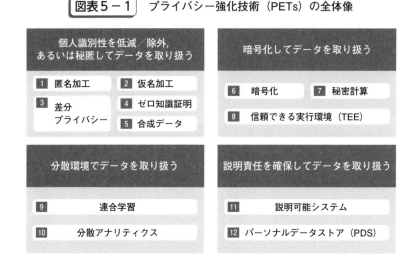

| 図表5-1 | プライバシー強化技術（PETs）の全体像 |

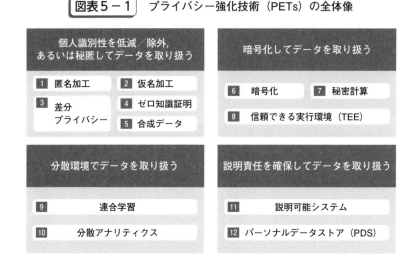

本章では，実用化の進んでいる主要なプライバシー強化技術として，匿名化・匿名加工，仮名化・仮名加工，差分プライバシー，合成データ，暗号化，秘密計算を取り上げて解説する。

1　匿名化・匿名加工

(1)　匿名化・匿名加工とは

　個人情報を加工処理して，特定の個人を識別できないデータにすることを一般に「匿名化」という。匿名化されたデータは，特定の個人との関連性が完全に排除されたものであり，他の情報と組み合わせても，当該データから元の個人を特定することができない状態にあることが求められる。一方，「匿名加工」とは，個人情報保護法で定義された用語で，個人情報を匿名加工情報に加工処理することをいい，法定の加工基準がある。また匿名加工後のデータは「匿名加工情報」といい，その取扱い

に対して法定の義務が課せられるとともに，本人同意なく第三者へ提供
できるといったメリットが付与されている。

　匿名化の加工処理を施したつもりのデータであっても，どこかに個人
との関連性が残っていて，それを糸口に個人が特定されてしまうリスク
を排除することは非常に難しいのが実態である。この残存するリスクを
排除し，事業者間におけるデータ取引やデータ連携を含む個人情報の利
活用を促進することを狙いとして，匿名加工情報制度が2015年の個人情
報保護法改正（2017年5月施行）で創設された。同制度では，加工処理
だけで匿名性を確保することは現実的に難しいことから，他の情報と照
合して個人を再識別する行為を禁止するとともに，加工処理の方法等の
安全管理措置を図ること，さらに事業者は匿名加工情報を取り扱うこと
について公表する，という匿名加工情報の取扱いにあたって求められる
"規律"を法定している。そうすることで，技術と規律の両面から個人
の匿名性を確保し，本人の同意がなくても，さまざまな目的にデータを
利用したり，第三者へ提供したりすることが認められるという制度であ
る（**図表5－2**）。

　本書では，匿名加工情報制度について深く立ち入ることはせず，匿名
加工，すなわち匿名化のための加工処理に係る方法を中心に論じる。

(2)　匿名加工情報の作成基準

　個人情報を加工して匿名加工情報を作成するときは，個人情報保護委
員会規則で定める以下5つの基準（**図表5－3**）に従い，当該個人情報
を加工する必要がある。この基準は，もとの個人情報を復元することが
できない状態になるまで加工することを求めるもので，①〜⑤すべての
要求を満たす必要がある。匿名加工情報の制度を利用する場合は必須で
あるが，同制度を用いない場合においても，データの匿名性を確保する
ための観点として参考になる。

図表5-2 匿名加工情報のスキーム：法定の加工基準と取扱い上の規律で匿名性を確保し，本人同意なしでの第三者提供を認める

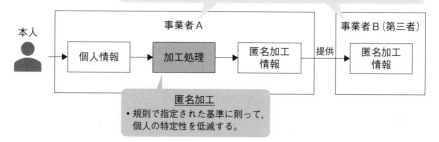

規律
- 匿名加工情報の取扱いを公表する。
- 加工処理は基準に従い，処理方法等の漏えい防止措置を図る。
- 匿名加工情報は，他の情報と照合して個人を再識別することを禁じる。

| | 事業者A | | 事業者B（第三者） |

本人 → 個人情報 → 加工処理 → 匿名加工情報 →（提供）→ 匿名加工情報

匿名加工
- 規則で指定された基準に則って，個人の特定性を低減する。

図表5-3 匿名加工情報の適切な加工に関する基準

基準	加工例
①特定の個人を識別することができる記述等の削除	例1）氏名，住所，生年月日が含まれる個人情報を加工する場合は，次のa～cを講ずる。 　a．氏名を削除する。 　b．住所を削除する。又は，○○県△△市に置き換える。 　c．生年月日を削除する。又は，日を削除し，生年月に置き換える。 例2）会員ID，氏名，住所，電話番号が含まれる個人情報を加工する場合は，次のaおよびbの措置を講ずる。 　a．会員ID，氏名，電話番号を削除する。 　b．住所を削除する。又は，○○県△△市に置き換える。
②個人識別符号の削除	例1）本人認証に用いられる生体情報のデータを削除する。 例2）健康保険証番号，基礎年金番号，免許証番号等を削除する。
③情報を相互に連結する符号の削除	サービス会員の情報について，氏名等の基本的な情報と購買履歴を分散管理し，それらを管理用IDを付すことにより連結している場合，その管理用IDを削除する。
④特異な記述等の削除	例1）症例数の極めて少ない病歴を削除する。 例2）年齢が「116歳」という情報を「90歳以上」に置き換える。

⑤個人情報データ ベース等の性質を 踏まえたその他の 措置	例 1 ）移動履歴を含む個人情報データベース等を加工の対象とする 場合において，自宅や職場などの所在が推定できる位置情報（緯 度・経度情報）が含まれており，特定の個人の識別又は元の個人 情報の復元につながるおそれがある場合に，推定につながり得る 所定範囲の位置情報を削除する。 例 2 ）ある小売店の購買履歴を含む個人情報データベース等を加工 の対象とする場合において，当該小売店での購入者が極めて限定 されている商品の購買履歴が含まれており，特定の個人の識別又 は元の個人情報の復元につながるおそれがある場合に，具体的な 商品情報（品番・色）を一般的な商品カテゴリーに置き換える。 （一般化）

（出所）　個人情報保護委員会「個人情報の保護に関する法律についてのガイドライン（仮名加工情報・匿名加工情報編）」を参考に作成

　小売店における購買履歴のデータについて，上記に示した 5 つの基準に基づき，匿名加工情報を作成するイメージを示す（**図表 5 - 4**）。

図表 5 - 4　匿名加工情報の作成イメージ

個人情報

会員ID	氏名	年齢	年月日	時刻	金額	支払方法	店舗
A1001	山田一郎	55歳	2020-01-28	16：40	940円	現金	霞が関店
A2345	佐藤二郎	107歳	2020-01-27	20：25	1,320円	ICカード	新橋駅前店
A3030	鈴木三郎	48歳	2020-01-28	07：45	484円	QRコード	豊洲店
A4321	高橋四郎	33歳	2020-01-27	22：30	9,550円	クレジット	銀座 4 丁目店

匿名加工情報

年齢	年月	金額	支払方法	店舗
50代	2020-01	940円	現金	東京都千代田区
60代以上	2020-01	1,320円	ICカード	東京都港区
40代	2020-01	484円	QRコード	東京都江東区

(1)特定の個人を識別することができる記述等の削除
- 氏名を消去
- 年齢を一般化（○○代にする。また，60歳以上は60代以上にする）
- 店舗を一般化（特定できない粒度にする）
- 日時を一般化（年月までにして，時刻を削除）

(2)個人識別符号の削除
- 該当なし

(3)情報を相互に連結する符号の削除
- 会員IDの削除

(4)特異な記述等の削除
- 「107歳」という情報を「60代以上」に置き換え

(5)個人情報データベース等の性質を踏まえたその他の措置
- 金額について，「9,550円」という他のレコードと比べて歳が大きい情報があり，特定の個人の識別又は個人情報の復元につながるおそれがあるため削除

（出所）　個人情報保護委員会

⑶　匿名加工に関する技術

①　匿名加工手法

　匿名加工情報は，元の個人情報を復元して特定の個人を再識別することができない状態であることが求められる。匿名加工の手法には，特定の個人を識別できる情報の「削除」だけではなく，復元することのできる規則性を有しない他の記述への置き換えなど，さまざまな手法が存在する。匿名加工に用いられる代表的な手法を示す（**図表5－5**）。

図表5－5　匿名加工手法

手法名	解説
項目削除	加工対象となる個人情報データベース等に含まれる個人情報の項目を削除するもの。例えば，年齢のデータを全ての個人情報から削除すること。
レコード削除	加工対象となる個人情報データベース等に含まれる個人情報のレコードを削除するもの。例えば，特定の年齢に該当する個人のレコードを全て削除すること。
セル削除	加工対象となる個人情報データベース等に含まれる個人情報の特定のセルを削除するもの。例えば，特定の個人に含まれる年齢の値を削除すること。
一般化	加工対象となる個人情報に含まれる記述等について，上位概念若しくは数値に置き換えること。例えば，購買履歴のデータで「きゅうり」を「野菜」に置き換えること。
トップ（ボトム）コーディング	加工対象となる個人情報データベース等に含まれる数値に対して，特に大きい又は小さい数値をまとめることとするもの。例えば，年齢に関するデータで，80歳以上の数値データを「80歳以上」というデータにまとめること。
レコード一部抽出	加工対象となる個人情報データベース等に含まれる個人情報の一部のレコードを（確率的に）抽出すること。いわゆるサンプリングも含まれる。
項目一部抽出	加工対象となる個人情報データベース等に含まれる個人情報の項目の一部を抽出すること。例えば，購買履歴に該当する項目の一部を抽出すること。
ミクロアグリゲーション	加工対象となる個人情報データベース等を構成する個人情報をグループ化した後，グループの代表的な記述等に置き換えることとするもの。

丸め（ラウンディング）	加工対象となる個人情報データベース等に含まれる数値に対して，四捨五入等して得られた数値に置き換えることとするもの。
データ交換（スワッピング）	加工対象となる個人情報データベース等を構成する個人情報相互に含まれる記述等を（確率的に）入れ替えることとするもの。例えば，異なる地域の属性を持ったレコード同士の入れ替えを行うこと。
ノイズ（誤差）付加	一定の分布に従った乱数的な数値等を付加することにより，他の任意の数値等へと置き換えることとするもの。
擬似データ生成	人工的な合成データを作成し，これを加工対象となる個人情報データベース等に含ませることとするもの。

（出所）　個人情報保護委員会事務局レポート：仮名加工情報・匿名加工情報　信頼ある個人情報の利活用に向けて―制度編―（初版2017年 2 月，第 2 版2022年 3 月）

②　k-匿名化

　データの匿名性を評価する代表的な方法として k-匿名化があり，k-匿名性という評価指標を用いる。あるデータセットの中に同じ属性を持つデータが k 件以上存在することを，「k-匿名性を満たす」という。別のいい方をすると，データの中で少なくとも k-1 人を区別することがないとき，そのデータは k-匿名性を満たす，といえる。

　例えば，**図表 5 － 6** に示すデータセットは，すべて異なる個人のデータで構成されているとき，同じ属性を持つデータが 2 件以上存在し， 1 人（2-1 人）を区別することができないため，k ＝ 2 の匿名性を満たすデータといえる。

図表 5 － 6　k＝2の匿名性を満たすデータの例

年齢	氏名	居住都道府県	
30代	男	東京都	k＝3
30代	男	東京都	
30代	男	東京都	
20代	女	神奈川県	k＝2
20代	女	神奈川県	

　k-匿名化とは，個人データを「k-匿名性」を満たすように加工することであり，前述した「**図表5-5　匿名加工手法**」で示す方法を用いて実現することができる。k-匿名化を行うことで，特定の個人が識別される可能性をk分の1以下に低減させることができる。kの値が大きいほど，個人が識別されるリスクは小さくなる。k-匿名化は匿名加工情報に必須ではないが，匿名加工情報が第三者に提供される態様や利用形態を考慮したうえで，必要に応じてk-匿名化を検討することが望ましいとされている[2]。

2　仮名化・仮名加工

(1)　仮名化・仮名加工とは

　個人情報を加工処理して，加工後のデータ単体からは特定の個人を識別できないデータにすることを一般に「仮名化」という。仮名化は，名前を英数字に置換する等，個人情報を安全に取り扱うための措置として企業に広く採用されており，加工の方法や加工後のデータの取扱いは任意である。一方，「仮名加工」とは，個人情報保護法で定義された用語で，個人情報を仮名加工情報に加工処理することをいい，法定の加工基準がある。また，仮名加工後のデータは「仮名加工情報」といい，その取扱いに対して法定の義務が課せられるとともに，本人同意なく利用目的変更できる，開示請求や漏えい時の報告に係る義務が免除されるといったメリットが付与されている。

　前節の匿名加工情報は，本人同意なしで加工後のデータを第三者提供

2　個人情報保護委員会事務局レポート　仮名加工情報・匿名加工情報　信頼ある個人情報の利活用に向けて―制度編―

することを可能とするための制度であるが，事業者にとっては，匿名性を確保するための加工基準が複雑で加工が難しいことや，匿名加工によりデータとしての有用性が低下してしまうという問題があった。こうした問題を克服して，一定の安全性を確保しつつ，イノベーションを促進する観点から創設されたのが，2020年の改正個人情報保護法（2022年4月施行）で規定された仮名加工情報制度である。

　同制度では，他の情報と照合して個人を識別する行為，本人への連絡，第三者提供の禁止等の仮名加工情報の取扱い上の義務を事業者に課す代わりに，本人同意なしで事業者内部において，さまざまな目的にデータを利用することが認められ，あわせて開示請求や漏えい時の報告に係る義務が免除されるというメリットが付与されている（**図表5-7**）。

図表5-7　**仮名加工情報のスキーム：法定の加工基準と取扱い上の規律で，特定の個人を識別できないようにし，本人同意なしでの利用目的の変更を認める**

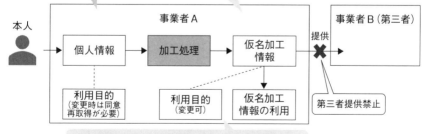

本書では，仮名加工情報制度について深く立ち入ることはせず，仮名加工のための加工処理に係る方法を中心に論じる。

(2) 仮名加工情報の作成基準

個人情報を加工して仮名加工情報を作成するときは，個人情報保護委員会規則で定める以下3つの基準（**図表5−8**）に従い，当該個人情報を加工する必要がある。

図表5−8 仮名加工情報の適切な加工に関する基準

基準	加工例
①特定の個人を識別することができる記述等の削除	例1）会員ID，氏名，年齢，性別，サービス利用履歴が含まれる個人情報を加工する場合は，氏名を削除する。 例2）氏名，住所，生年月日が含まれる個人情報を加工する場合は，次のa〜cを講じる。 　a．氏名を削除する。 　b．住所を削除する。又は，○○県△△市に置き換える。 　c．生年月日を削除する。または，日を削除し，生年月に置き換える。
②個人識別符号の削除	例1）本人認証に用いられる生体情報のデータを削除する。 例2）健康保険証番号，基礎年金番号，免許証番号等を削除する。
③不正に利用されることにより財産的被害の生じるおそれのある記述等の削除	例1）クレジットカード番号を削除する。 例2）送金や決済機能のあるウェブサービスのログインID・パスワードを削除する。

（出所）　個人情報保護委員会「個人情報の保護に関する法律についてのガイドライン（仮名加工情報・匿名加工情報編）」を参考に作成

仮名加工情報の加工基準と匿名加工情報の加工基準を比較すると，仮名加工情報は基準が少なく，加工方法も匿名加工情報より比較的簡便である（**図表5−9**）。

| 図表5－9 | 匿名加工情報，仮名加工情報の加工基準の違い |

加工方法	匿名加工情報	仮名加工情報
特定の個人を識別することができる記述等の削除	○	○
個人識別符号の削除	○	○
情報を相互に連結する符号の削除	○	×（規制なし）
特異な記述等の削除	○	×（規制なし）
個人情報データベース等の性質を踏まえたその他の措置	○	×（規制なし）
不正に利用されることにより財産的被害が生じるおそれのある記述等の削除	×（規制なし）	○

　両者の加工方法の違いのイメージとして，小売店における購買履歴に関する個人情報の例と，当該個人情報を匿名加工情報と仮名加工情報にそれぞれ加工するイメージを示す（**図表5－10**）。匿名加工情報は，元

| 図表5－10 | 匿名加工情報への加工と仮名加工情報への加工差異に関するイメージ |

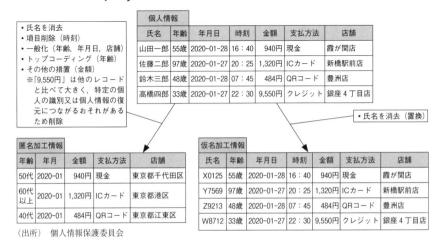

（出所）　個人情報保護委員会

のデータに比して，データ量やデータの精度が大きく低下する。一方，仮名加工情報は，提示した例においては氏名を置換したのみで，その他データは元のままでデータ量もデータの精度も維持されており，データ分析における有用性が高いことがわかる。

(3)　仮名加工に関する技術

　仮名加工情報の3つの加工基準のうち2つは匿名加工情報の加工基準と同一であり，残りの1つも「不正に利用されることにより財産的被害が生じるおそれのある記述等の削除」である。このため，仮名加工情報は，匿名加工手法（**図表5−5**）で示した手法を用いて作成することができる。

コラム　「事務局レポート」を知っていますか？

　匿名加工情報と仮名加工情報はともに，技術的な加工処理に加えて，法制度上の規律を組み合わせて，個人情報を安全に有効活用することを促進するために創設された制度に基づく，法定の情報種別である。世界的にも類を見ないこの制度は，複雑で難解なところがあることから，事業者の理解を支援するために「個人情報保護委員会事務局レポート：仮名加工情報・匿名加工情報　信頼ある個人情報の利活用に向けて」（一般に「事務局レポート」と呼ばれる。）という文書が提供されている[1]。

　事務局レポートは，ガイドラインとQ&Aで提示されている内容に加えて，具体的な事例をもとに事業者の視点でわかりやすく解説している。

　例えば，仮名加工情報のパート「個人情報でない仮名加工情報とは」を読むと，委託や共同利用により仮名加工情報の提供を受けた場合や，仮名加工情報を作成した事業者であっても，作成のもととなった個人情報を削除した場合等が該当するということが，合理的な法令解釈を踏まえて理解できるようになる。また，実際に事業者が匿名加工情報・仮名加工情報を作成・利活用するいくつかの場面を想定し，情報の項目に応じて考慮すべき事項や，リスクに対応した具体的な加工方法も説明がされている。

　事務局レポートではあわせて，個人情報，仮名加工情報，匿名加工情報に対する規律の差異を概観できる表も提供している（**図表5−11**）。こういったわかりやすい表は，情報を大胆に捨象する必要があるため，行政機関が自ら作成し，提供してくれるのは大変ありがたいことである。

　事務局レポートは，匿名加工情報や仮名加工情報を活用しようという事業者にとって必読書といえよう。

図表5-11 個人情報，仮名加工情報，匿名加工情報の規律の主な差異のイメージ（一部抜粋）

	個人情報	仮名加工情報 （個人情報であるもの）	匿名加工情報
利用目的の制限等（利用目的の特定，変更の制限）	・利用目的の特定が必要 ・原則あらかじめ同意を取得しなければ利用目的の変更は不可	・利用目的の特定が必要 ・利用目的の変更は可能 ・本人を識別しない，本人に連絡しないこと等が条件	× （規制なし）
通知・公表	・利用目的の通知・公表など	・仮名加工情報を取得した場合又は利用目的を変更した場合は，原則利用目的の公表が必要	・匿名加工情報の作成時に匿名加工情報に含まれる個人に関する情報の項目を公表 ・第三者提供をするときは，あらかじめ第三者提供される匿名加工情報に含まれる個人に関する情報の項目，提供の方法を公表
利用する必要がなくなったときの消去	○ （努力義務）	○ （努力義務）	○ （努力義務）
安全管理措置	○	○ （仮名加工情報，削除情報等について義務）	○ （匿名加工情報について努力義務，加工方法等情報について義務）
漏えい等報告等	○	× （対象外）	× （対象外）
第三者提供に係る規律	原則あらかじめ同意を取得しなければ第三者提供できない	原則，第三者提供は禁止だが例外（法令に基づく場合，委託，事業の承継，共同利用）あり	第三者提供は可 ただし公表義務有
識別行為の禁止	× （識別行為についての規律なし）	○ （識別行為を禁止する規定あり）	○ （識別行為を禁止する規定あり）
本人への連絡の禁止	× （利用目的の範囲内であれば可）	○	— （匿名加工情報を用いて本人への連絡を行うことは不可能）

（出所） 個人情報保護委員会事務局「個人情報保護委員会事務局レポート：仮名加工情報・匿名加工情報　信頼ある個人情報の利活用に向けて」（2022年5月）から一部抜粋して掲載

(1) 個人情報保護委員会事務局レポート：仮名加工情報・匿名加工情報　信頼ある個人情報の利活用に向けて
　　　―制度編―
　　　https://www.ppc.go.jp/files/pdf/report_office_seido2205.pdf
　　　―事例編―
　　　https://www.ppc.go.jp/files/pdf/report_office_zirei2205.pdf

3　差分プライバシー

(1)　差分プライバシーとは

　差分プライバシーとは，匿名化や統計化といったパーソナルデータに対する加工処理を施した後のデータが有する統計量等に対してノイズを加えることで，統計的な有用性を維持しつつ，元データの個人を特定したり，個人の属性情報を推定したりできないようにするためのPETsである（**図表5－12**）。

　匿名化・匿名加工や仮名化・仮名加工は，主にパーソナルデータそのものを加工する技術であったが，差分プライバシーは，パーソナルデータそのものを加工するのではなく，パーソナルデータに対して，匿名化や統計化という加工処理を行った統計量等の出力データに手を加えるものである。この差分プライバシーには数学的な定義があり，プライバシー保護の度合い（以下「プライバシー保護強度」という）を定量的に示せることが特徴である。

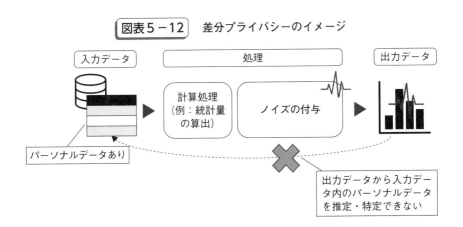

図表5－12　差分プライバシーのイメージ

　特定の個人を識別できないよう匿名化したつもりであっても，匿名化した情報を他の情報と組み合わせて個人を再識別されることがある。例えば，2006年にNetflix社は映画推薦アルゴリズムの改善を目的としたコンペティションを開催し，個人を識別できる情報を削除したうえでデータを公開したが，他の映画批評サイトのデータと突き合わせることで，2名の個人が識別できることが指摘された[3]。

　また，特定の個人との対応関係が排斥されている統計情報であっても，統計情報を組み合わせることで個人の属性情報がわかるリスクも存在する。ある企業が，従業員数と平均年収を統計情報として公開しており，Xさん在籍時の情報と，Xさんのみが退職した後の情報が公開されたとする。この場合，Xさんの年収を推定したい攻撃者は，Xさんの年収を推定することができる（**図表5－13**）。

　この例はやや極端かもしれないが，統計情報であっても，他の情報を組み合わせることによって，個人の属性情報が明らかとなる可能性がある。今後，データの種類や量がさらに増加し，データ利活用が高度化・複雑化していく中で，匿名化や統計化といった加工処理に対する新しい攻撃方法が発見されるおそれもある。差分プライバシーはこのような未知の攻撃も含めた任意の攻撃に対して，「元データに特定の個人が含まれている場合と含まれていない場合を区別できない事」という汎用的な安全性を保証する枠組みであり，非常に注目されている。

3　"Robust De-anonymization of Large Datasets（How to Break Anonymity of the Net-flix Prize Dataset）"（2008年）https://ligmembres.imag.fr/prost/M1_MEEF_NSI/Naraya_Shmati.pdf

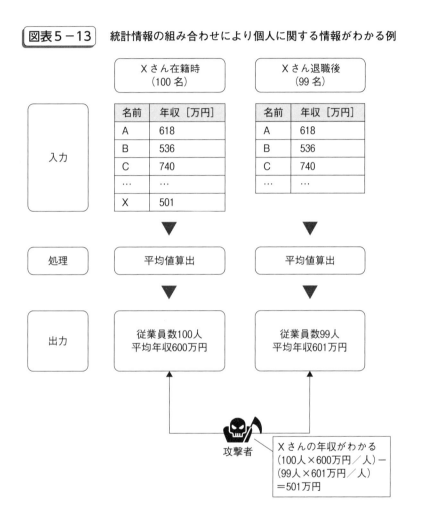

図表5-13 統計情報の組み合わせにより個人に関する情報がわかる例

(2) 差分プライバシーの定義

差分プライバシーはいくつかの種類があるが，いずれも数学的な定義があることが特徴である。本書では，差分プライバシーを初めて考案したDworkらが定義した，ε-差分プライバシーの定義について説明する。なお，わかりやすさのために，数式そのものの説明は省略し，差分プラ

イバシーの定義が何を意図・目的としているかを説明する。

【定義】

　任意の隣接したデータベース D_1 および D_2 に対し，ランダム化関数（randomized function）K が次式を満たすとき，K は ε-差分プライバシーを満たす。なお，S は K の出力空間の部分集合である（$S \subseteq Range(K)$）[4]。

$$\Pr[K(D_1) \subseteq S] \le e^{\varepsilon} \times \Pr[K(D_2) \subseteq S]$$

【説明】

　差分プライバシーが目指していることは，データベースにある1人のデータがある場合（D_1）と，無い場合（D_2）で，処理 K の出力（確率分布）を「大体同じ」状態にして，その1人が入力データにいるかいないかの区別ができないようにすることである。「大体同じに」とは，同じ出力値に対する，出力確率の比率が最大でも e^{ε}:1 を超えないことであり，比率の大小を ε で調整することができる（**図表5−14**）。

　ε の値は，プライバシー保護強度とデータの正確性のトレードオフになる。ε の値が大きいと，プライバシー保護強度は低くなり，データ正確性は高くなる。ε の値が小さいと，プライバシー保護強度は高くなり，データ正確性は低くなる。

　他の差分プライバシーの種類には，ε-差分プライバシーの定義からある程度のずれを許容する，ε, δ-差分プライバシーがある。差分プライバシーの定義を満たすランダム化関数 K を，一般的に「メカニズム」と呼び，代表的なメカニズムに，ラプラスメカニズム，ガウシアンメカニズムなどがある。ラプラスメカニズムは ε-差分プライバシーの定義

---

4 "Differential Privacy"（2006年）https://audentia-gestion.fr/MICROSOFT/dwork.pdf

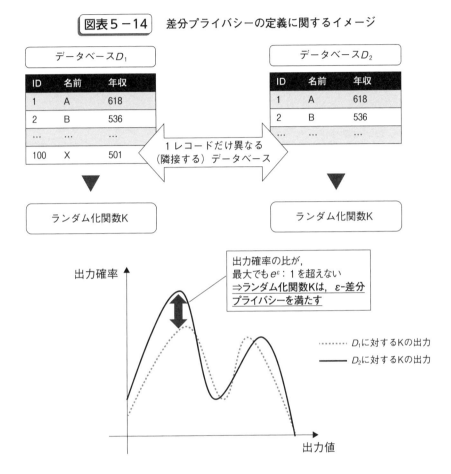

図表5−14　差分プライバシーの定義に関するイメージ

を満たすこと，ガウシアンメカニズムが ε, δ-差分プライバシーの定義
を満たすことが数学的に証明されている。

⑶　セントラル差分プライバシーとローカル差分プライバシー

　これまで解説した差分プライバシーについては，事業者等が個人から
データを収集して，データベースを保持している状態を前提としており，

収集済みのデータベースの統計量に対してノイズを付与する方法であった。これはデータを中央に集めてから差分プライバシーを保証することから，セントラル差分プライバシーと呼ぶ。一方，データを所有している個人（クライアント側）が，事業者等のデータ収集者に対してデータを提供する際に，ノイズを付与する形式をローカル差分プライバシーと呼ぶ。この2種類は，ノイズを付与するタイミングに違いがあるが，セントラル差分プライバシーは，データ収集者が一度正確なデータを収集するため，データ収集者を信頼することが前提であるのに対し，ローカル差分プライバシーはデータ収集者を必ずしも信頼しなくてよい，という観点で差異がある。

　ローカル差分プライバシーはビッグテックが個人からデータを収集する際に用いられている。Google社はブラウザGoogle Chromeの統計情報について，自社で開発した手法により，端末側でノイズを付与したうえでデータをGoogleのサーバーに送信している[5]。また，Apple社はデバイスの情報を収集して，絵文字やキーボードのサジェストに役立てているが，こちらも端末側でノイズを付与した上でApple社のサーバーに送信している[6]。

[5]　"RAPPOR: Randomized Aggregatable Privacy-Preserving Ordinal Response"（2014年）https://storage.googleapis.com/pub-tools-public-publication-data/pdf/42852.pdf

[6]　"Learning with Privacy at Scale"（2017年12月）https://machinelearning.apple.com/research/learning-with-privacy-at-scale

事例 米国国勢調査局──2020年の国勢調査に差分プライバシーを利用[7]

　米国国勢調査局（USCB：United States Census Bureau）は，10年ごとに国勢調査を実施している。国民から調査結果を集めて州ごとの人口を集計しており，この調査結果は連邦議会の議席数や資金配分に用いられる。

　USCBは，国民から提供されたデータを保護する義務を負っており，個人データが推論や特定されないための措置を取っている。しかし，他の公開データと照合することで再識別化されてしまう可能性があり，特にデータ量の少ない地域ではそのリスクがあることが課題視されていた。

　この課題を踏まえて，個人のプライバシー保護と国勢調査データの利便性を両立させるために，USCBは2020年の国勢調査において差分プライバシーを利用した。TDA（Top Down Algorithm）を実装しており，生データに対して統計処理を実行し，その結果にノイズを加えている。最大の単位（国）から，最小の単位（国勢調査のブロック）までそれぞれノイズを加えている（**図表5-15**）。また，特定の条件（母集団数がマイナスにならない等）を満たすようにノイズの追加後の後処理を行っている。USCBはこれらのアルゴリズムのコード[8]と文書[9]を公開している。

7　"THE PET GUIDE"（2023年）のケーススタディ紹介から作成
8　https://github.com/uscensusbureau/DAS_2020_Redistricting_Production_Code
9　"Disclosure Avoidance for the 2020 Census: An Introduction"（2021年11月）
　https://www2.census.gov/library/publications/decennial/2020/2020-census-disclosure-avoidance-handbook.pdf

| 図表5－15 | 2020年国勢調査の区割りファイル用に差分プライバシーを適用したデータ作成プロセスのイメージ |

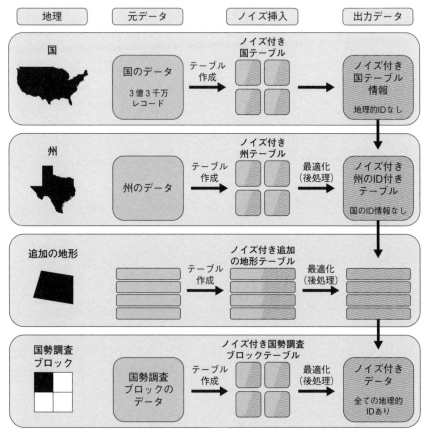

（出所）　米国国勢調査局 "Disclosure Avoidance for the 2020 Census: An Introduction"（2021年11月）

事例　あいおいニッセイ同和損害保険株式会社，株式会社LayerX——
　　　差分プライバシーの活用で，個人を特定せず危険運転を分析

　あいおいニッセイ同和損害保険株式会社（以下「あいおいニッセイ同
和損保」という）は，自動車のスピード，操作，位置情報などのデータ
を車載端末から取得し，運転者の特性を分析して保険料に反映させる
「テレマティクス自動車保険」を提供している。テレマティクス自動車
保険で蓄積した自動車走行データを基にして，急ブレーキや危険な運転
挙動の発生始点を地図上に可視化する「交通安全マップ」を開発し，全
国の地方公共団体へ提供している。

　当初，交通安全マップは，一定距離の区画であるメッシュごとに危険
挙動発生率の高低を可視化するものであった。あいおいニッセイ同和損
保は，より広範囲のユーザーに詳細なデータを継続的に提供できるよう
にしたかったが，他社類似データとの照合や，提供データの時系列差分
に注目した個人の特定・識別リスクを懸念していた。

　あいおいニッセイ同和損保は，株式会社LayerX（以下「LayerX」と
いう）が提供するPETs製品「Anonify（アノニファイ）」を活用して，
個人を特定できないようにしたうえで，時間帯や，性別・年代などの個
人の属性を条件に絞り込みができるようにした（**図表5−16**）。

図表5−16　交通安全マップの条件による絞り込みをした分析の活用イメージ

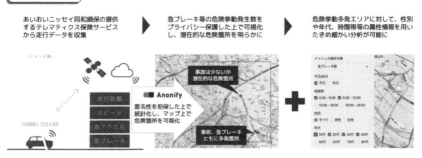

　本事例では，差分プライバシーを中心とするプライバシー保護のアルゴリズムが用いられている。なお，差分プライバシーメカニズムは，取扱いがしやすい，ガウシアンメカニズムを用いている。

取組みのポイント
（個人の特定をできないようにする）

　交通安全マップの基となる自動車走行データに対して，メッシュごとの走行量や，急ブレーキ，急加速というイベント数に乱数を入れることで，メッシュ内を曜日や性別などの条件で絞り込みや，統計情報の差分や組み合わせを用いても，個人を特定できないようにした。

（付与するノイズを削減）

　差分プライバシーでは統計量が0のデータに対してもノイズを付与する必要があるが，マップ上で統計量が0のメッシュに対しては，道路がなく車が通らないため0の場合と，道路はあるがサンプリングデータがないため0になっている場合があった。あらかじめ道路がない箇所を計算対象から除外することで，付与するノイズを削減した。

（繰り返し検証してアルゴリズムを調整）

　プライバシー保護の要件を満たすことを前提としつつ，ノイズを小さくしてデータ有用性が上がるよう，検証を繰り返してアルゴリズムを調整した。交通安全マップの利用者がやり行いたいことの優先度を決めたうえで，LayerXがアルゴリズムの更新を行いつつ，あいおいニッセイ同和損保とともに評価を繰り返した。LayerXは，プライバシー保護とデータ利用者がやりたいことを両立するためには，データ分析や検証が必要であり，データ利用者（お客様）と対話をしながら最適なポイントを探し，見つけることが重要であると話す（**図表5−17**）。

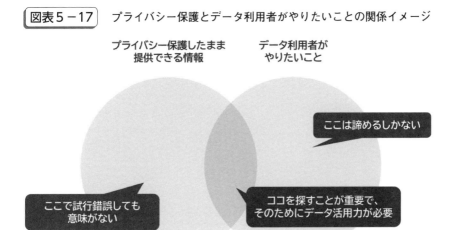

（出所）「プライバシーエンジニアの仕事」PRIVACY TECH NIGHT #01（2022年12月6日）
https://speakerdeck.com/nrryuya/20221206-puraibasienzinianoshi-shi-at-privacy-tech-night-
number-01-layerx-zhong-cun-long-shi

4　合成データ

(1)　合成データとは

　合成データとは，元データと元データの構造や統計的な特徴を再現するように学習した数式モデルから人工的に生成されるデータをいう。広義には人工的なデータをすべて合成データと呼ぶこともあるが，狭義には元のデータとの構造や，平均や分散・データの相関係数などの統計的な特徴が似ているデータを合成データと呼ぶ。

　合成データを生成する目的は，大きく2つに分類される。

① データ量不足を補うため

　機械学習やデータ分析においては，学習用のデータを用いて精度を向上させるが，取得できるデータ量に限りがあるケースがある。合成データを生成することで，取得できたデータをもとに，あたかも実在するようなデータを増やすことができる。Gartner社は，2024年までに機械学習やデータ分析で利用されるデータのうち，60％が合成データになると予測している[10]。

② プライバシー保護のため

　パーソナルデータから合成データを生成する場合，生成されたデータは個人に関する実際の情報ではなくなるため，プライバシーを保護する目的での活用が期待されている。2023年6月に開かれた「第3回G7データ保護・プライバシー機関ラウンドテーブル会合」において，G7データ保護・プライバシー機関は，プライバシー強化技術（PETs）の採用および開発を進めるため，合成データを用いたプライバシーリスクを低減するユースケースを作成することを記したアクションプランを採択した[11]。数あるPETsの中から，合成データが選ばれたことは，それだけ今後の発展が期待されているものといえよう。

　本書では，②のプライバシー保護を目的とする合成データを対象として，合成データに関する技術の概要，活用事例について述べる。

10　Gartner "By 2024, 60% of the data used for the development of AI and analytics projects will be synthetically generated"（2021年7月24日）
　　https://blogs.gartner.com/andrew_white/2021/07/24/by-2024-60-of-the-data-used-for-the-development-of-ai-and-analytics-projects-will-be-synthetically-generated/
11　G7 Data Protection and Privacy Authorities "G7 DPAs' Action Plan"（2023年6月）
　　https://www.ppc.go.jp/files/pdf/G7roundtable_202306_actionplan.pdf

⑵　合成データに関する技術

①　合成データの生成方法

　合成データは一般的には，生成モデルを用いて作成する。元データの構造や統計的な特徴を「生成モデル」に学習させることで，元データの構造や統計的な特徴が似ている合成データを生成する（**図表5－18**）。

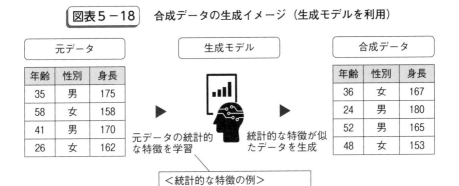

図表5－18　合成データの生成イメージ（生成モデルを利用）

元データ		
年齢	性別	身長
35	男	175
58	女	158
41	男	170
26	女	162

生成モデル

元データの統計的な特徴を学習　→　統計的な特徴が似たデータを生成

合成データ		
年齢	性別	身長
36	女	167
24	男	180
52	男	165
48	女	153

＜統計的な特徴の例＞
- 性別の分布
- 年齢，身長の平均値
- 年齢に対する身長の相関係数

　代表的な生成モデルであるGANと，GANの考え方を表形式のデータに応用したCTGANについて概説する。

• GAN（Generative Adversarial Network：敵対的生成ネットワーク）

　GANは，Generator（生成器）とDiscriminator（識別器）の2つの要素で構成されている。Generatorは合成データ（偽物のデータ）を生成し，Discriminatorは本物のデータか，偽物のデータかの判定を行う。この2つのモデルを「敵対的」に競争させる形式で学習を繰り返す（**図表5－19**）。識別モデルは本物／偽物の判定精度を高くすることを目標にし，

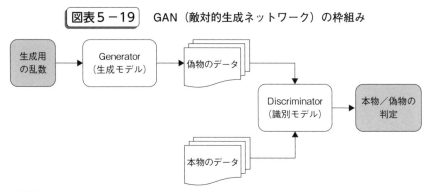

図表5−19　GAN（敵対的生成ネットワーク）の枠組み

（出所）　"Generative Adversarial Networks : An Overview"（2017年10月19日）
　　　　https://arxiv.org/pdf/1710.07035.pdfをもとに作成

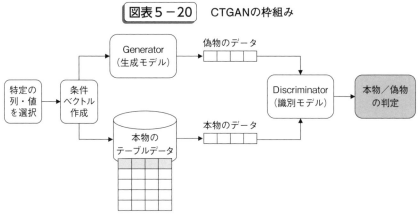

図表5−20　CTGANの枠組み

（出所）　"Deep Neural Networks and Tabular Data : A Survey"（2021年10月5日）
　　　　https://api.deepai.org/publication-download-pdf/deep-neural-networks-and-tabular-data-a-
　　　　surveyをもとに作成

生成モデルは，識別モデルが本物／偽物の判定を間違えるような偽物の
データを作成することを目標にし，繰り返し競い合うことで，最終的に
は本物のデータと区別がつかないレベルの生成データができることが
GANの特徴である。

• CTGAN（Modeling Tabular data using Conditional GAN）

　CTGANは，前述したGANの考え方を用いながら，表形式のデータに適用できるように考案された生成モデルである。特定の列の条件（性別は男性で年齢が30代など）が与えられた場合に，その条件に対して，元データから本当らしい特徴を持つデータを生成するために，特定の列の条件を表す条件ベクトルを生成して，その条件に沿った本物のデータと偽物のデータを用いて学習を行うことが特徴である（**図表5－20**）。

②　プライバシー保護合成データ

　合成データや生成モデルから，元にした実在するパーソナルデータを復元したり，推論されたりするリスクがあり，いくつかの攻撃手法が提案されている。このため，こうした攻撃が困難となるような合成データの生成手法が研究されており，こうした手法により生成される合成データを「プライバシー保護合成データ（Privacy-Preserving Synthetic Data）」と呼ぶ。

　プライバシー保護合成データの生成手法では，本章**第3節**で紹介した差分プライバシーの技術を適用して，生成モデルの学習時にノイズを付与する手法が主流である。代表的な生成モデルとしては，前述したCTGANに対して差分プライバシーを適用したDP-CTGAN（Differential Privacy-Conditional General Adversarial Networks）がある。識別モデルの学習時にノイズを加えることで，合成データから元データを復元することを困難にしている。

⑶　合成データの事例

　合成データを生成・利用した事例として，イギリス統計局の取組みを紹介する。

○イギリス統計局：合成データを生成してシステムのテストやデバッグに活用

　イギリスの統計局であるONS（Office for National Statistics）のデータサイエンスキャンパスは2018年から，合成データを作成し評価する方法に関する研究をしながら，合成データを実用化する機会を検討している[12]。

　2021年，国勢調査で使うシステムの負荷分散や機能のテストをする際，国勢調査の対象と同じデータ分布を持つデータが必要なテストがあり，合成データを生成してテスト用データに用いた。2011年の国勢調査データセットを2021年の国勢調査のフォーマットにあわせて変更したうえで，合成データを生成した。

　また，コロナウイルスの全国感染率を推定する機械学習システムのデバッグをするために，イギリスのコロナウイルス感染調査データをもとにした合成データを生成してデバッグに利用した。

　なお，上記以外でもONSデータサイエンスキャンパスは，合成データに関する研究内容や成果について情報発信[13, 14]をしており，合成データの評価（実データと合成データの統計的特徴を比較する）のためのプログラミング言語Pythonのライブラリを開発して公開[15]している。

12　"THE PET GUIDE"（2023年）のケーススタディ紹介から作成

13　"Synthetic data for public good"（2019年2月）
　https://datasciencecampus.ons.gov.uk/projects/synthetic-data-for-public-good/

14　"Generative adversarial networks（GANs）for synthetic dataset generation with binary classes"（2019年2月）https://datasciencecampus.ons.gov.uk/projects/generative-adversarial-networks-gans-for-synthetic-dataset-generation-with-binary-classes/

15　"synthgauge" https://github.com/datasciencecampus/synthgauge

5　暗号化

(1)　暗号化とは

　暗号化とは，データを他人が見ても理解されないものに変換することをいう。通信中のデータを傍受された場合や保管中のデータを参照された場合でも，データが暗号化されているとデータの内容が理解できないものになっているため，データの悪用を防ぎ，機密情報や個人情報を保護することができる。

　インターネットやデジタル技術の普及により情報のやり取りが増加し，さまざまな個人情報が個人や企業の間でやり取りされ，企業が持つ個人情報は種類・量ともに増加している。例えば，ECサイトで買い物をする場合には，私たちは氏名や住所，クレジットカード番号などを企業に提供しており，企業はそれらの情報を取得・保管している。企業は個人情報を保護することは重要であり，暗号化はそのための重要な手段である。

　本書では，暗号化方式の種類やアルゴリズムについて深く立ち入ることはせず，暗号化を用いることによる法令上のメリットと実装上の留意点について説明する。

(2)　暗号化による法令上のメリット

　個人情報保護法の令和2年改正（2022年4月1日施行）により，企業は，個人データの漏えい等が発生し，個人の権利利益を害するおそれがあるときは，個人情報保護委員会への報告および本人への通知が義務付けられた。同委員会が2022年11月に公表した活動実績[16]によると，2022

年度上半期における個人データの漏えい等事案は1,587件にのぼり，これは前年度上半期の517件と比較して 3 倍以上であり，漏えい等の報告を義務化したことにより報告件数が増大したと考えられる。個人情報を取り扱う企業にとって，大きな負担増である。

　一方，個人情報保護法では，高度な暗号化等の秘匿化がされている場合等，「高度な暗号化その他の個人の権利利益を保護するために必要な措置」が講じられている場合は，漏えい等報告を免除することを規定しており，企業に対して暗号化措置を講じることに対するメリットを付与し，その採用を促している[17]。

　この「高度な暗号化等の秘匿化」に該当するためには，

A　当該漏えい等事案が生じた時点の技術水準に照らして，漏えい等が発生し，又は発生したおそれがある個人データについて，これを第三者が見読可能な状態にすることが困難となるような暗号化等の技術的措置が講じられるとともに，

B　そのような暗号化等の技術的措置が講じられた情報を見読可能な状態にするための手段が適切に管理されていることが必要

とされている[18]。

　Aの具体的な技術的措置として，電子政府推奨暗号リスト（**図表 5 －21**）やISO/IEC18033等に掲載されている暗号技術が用いられ，それが

16　個人情報保護委員会「令和 4 年度上半期における個人情報保護委員会の活動実績について」（2022年11月 9 日）https://www.ppc.go.jp/files/pdf/R4_kamihanki.pdf

17　欧州のGDPRでは，適切な暗号化等の保護措置が講じられていた場合であっても，当局への報告は依然として必要とされる。本人への通知はケースに応じて要否が判断される。詳細はEDPB "Guidelines 9/2022 on personal data breach notification under GDPR Version 2.0"（2023年 3 月28日採択）の "D. Conditions where notification is not required" を参照。

18　個人情報保護委員会「個人情報の保護に関する法律についてのガイドライン」及び「個人データの漏えい等の事案が発生した場合等の対応について」に関するQ&A 6-16（https://www.ppc.go.jp/all_faq_index/faq1-q6-16/）

図表 5 － 21　電子政府推奨暗号リスト（2023年 3 月30日時点）

技術分類		暗号技術
公開鍵暗号	署名	DSA
		ECDSA
		EdDSA
		RSA-PSS
		RSASSA-PKCS1-v1_5
	守秘	RSA-OAEP
	鍵共有	DH
		ECDH
	64ビットブロック暗号	該当なし
	128ビットブロック暗号	AES
		Camellia
	ストリーム暗号	KCipher-2
ハッシュ関数		SHA-256
		SHA-384
		SHA-512
		SHA-512/256
		SHA3-256
		SHA3-384
		SHA3-512
		SHAKE128
		SHAKE256
暗号利用モード	秘匿モード	CBC
		CFB
		CTR
		OFB
		XTS
	認証付き秘匿モード	CCM
		GCM
メッセージ認証コード		CMAC
		HMAC
認証暗号		ChaCha20-Poly1305
エンティティ認証		ISO/IEC 9798-2
		ISO/IEC 9798-3
		ISO/IEC 9798-4

（出所）　デジタル庁・総務省・経済産業省「電子政府における調達のために参照すべき暗号のリスト（CRYPTREC暗号リスト）」https://www.cryptrec.go.jp/list/cryptrec-ls-0001-2022.pdf

適切に実装されていることが挙げられる。

　Bの「手段が適切に管理されていること」といえるためには，以下の
①〜③のいずれかの要件を満たすことが必要となる。

①　暗号化した情報と復号鍵を分離するとともに，復号鍵自体の漏えい
　　を防止する適切な措置を講じていること

②　遠隔操作により暗号化された情報，もしくは復号鍵を削除する機能
　　を備えていること

③　第三者が復号鍵を行使できないように設計されていること

　以上述べたとおり，暗号化は，個人情報を安全に取り扱うことに寄与
するとともに，漏えい等の報告義務の免除といった個人情報保護法上の
メリットが付与されており，効果的に活用することが望まれる。その一
方で，実装にあたっては，暗号化が有効に機能するよう，採用する技術
やその運用方法に十分留意することが求められる。

6　秘密計算

(1)　秘密計算とは

　秘密計算とは，データの内容を他者がわからないように秘匿化したま
ま計算することができる技術の総称である。

　データを秘匿する方法として一般的なものは暗号化であり，従来のセ
キュリティ技術では，データは通信時と保管時に暗号化していることが
多い。しかし，計算処理をするためにはデータを復号する必要があり，
復号したデータに対しては，悪意を持った外部からの攻撃や，内部犯に
よる個人情報の漏えいやプライバシー侵害のリスクがある。秘密計算は，
データを暗号化したまま計算することができるため，このようなリスク

への有効な対策となる（**図表 5 - 22**）。

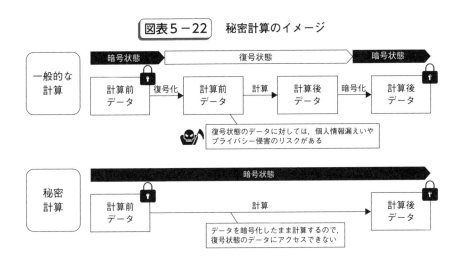

| 図表 5 - 22 | 秘密計算のイメージ

また，近年では，業界全体の課題や社会課題に対し，自社が持つデータのみでは解決できないため，複数の企業が持つデータとあわせてデータ分析を行う取組みも多い。しかし，企業内の機密データを社外に出せないというジレンマがあり，複数の企業が共同で，自社が持つ有益なデータをあわせてデータ分析・活用をする取組みが進みにくい。秘密計算によって，企業内の機密データの内容を社外に知られることなく，企業間でのデータ活用を安全に進めることができるため，秘密計算は近年注目を集めている。

秘密計算の概念自体は1980年代に誕生したが，ハードウェア処理能力の向上や，さまざまな研究・実験を通じたアルゴリズムの改良などにより，近年は実用可能なレベルまで進化している。

(2) 秘密計算の種類

秘密計算の種類として，代表的な2つを解説する。

① 準同型暗号を利用した秘密計算

通常の暗号文の場合，暗号文同士では足し算などの計算ができないが，それを可能にする暗号が準同型暗号である。その中でも特に，任意の計算が可能であるもの（足し算と掛け算ができるため，任意の計算ができる）を完全準同型暗号と呼び，秘密計算での活用が進んでいる。近年は，クラウド環境を利用して機械学習やデータ分析を行う企業も多いが，準同型暗号を用いれば，暗号化したデータに対して任意の計算を行うことができるため，元のデータ内容を外部に知られることなく，個人のプライバシーを保護しつつデータを利活用することができる（**図表5－23**）。

図表5－23 準同型暗号を利用した秘密計算のイメージ

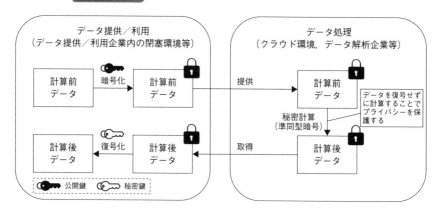

② 秘密分散とMPCを利用した秘密計算

秘密分散とは，機密情報などの重要な情報を複数のデータに分散させ

て，分散されたデータ単独では元の情報を得られない形にすることである。また，MPCとは，Multi-Party Computationの略で，複数の参加者がお互いに協力して分散計算をする仕組みである。入力データを複数のデータ（シェア）に分散し，複数の参加者で計算を行い，それぞれの参加者による計算結果を集めて計算結果を復号する。参加者から見ると，自分が取り扱うデータからは秘密の内容がわからない。

　秘密分散とMPCを利用した秘密計算は，複数の企業間で秘密情報を用いてデータ分析を行う時に有効な方法である（**図表5－24**）。以下の例だと，データを処理する事業者は，元データを秘密分散した断片データ（a2など）は取得するが，そこから元データ（aなど）はわからない。事業者の元データを別の事業者に知られることなく，データ利活用のために目的の計算を行うことができる。

図表5－24　秘密分散とMPCを利用した秘密計算のイメージ

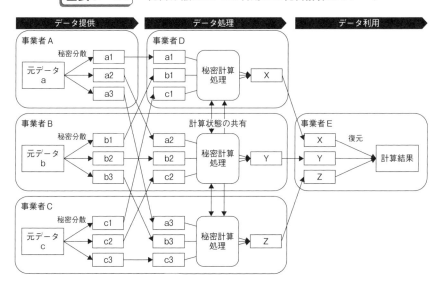

⑶　実用化に向けた課題と今後の展望

①　実用化に向けた課題

　秘密計算の実用化に向けた課題として主なものを2点紹介する。

・計算処理に時間がかかる

　秘密計算は，暗号化した状態での計算や，データを秘密分散して複数参加者で処理を行う際の通信オーバーヘッドがあるため，暗号化していない通常の計算と比較すると処理に時間がかかる。特に準同型暗号を利用した秘密計算は，暗号化したデータのまま計算するために処理時間が長い。今後，秘密計算の理論や計算方法の研究が進み，計算処理の時間短縮が期待されている。

・法規制の整備

　現在，暗号化や匿名加工に関しては，個人情報保護法で規定され，適用上の留意事項やメリットが整理されている一方で，秘密計算については未整理の状況にある。

　個人情報保護法では，電子政府推奨暗号リストなどの「高度な暗号化やその他の個人の権利利益保護に必要な措置」が講じられていれば，漏えい等の報告義務はないと整理されているが，秘密計算が同措置に該当するかはガイドライン，Q&Aに記述はなく，不明である。個人情報保護委員会からは，技術の進展や社会実装の動向も踏まえつつ，引き続き検討するという見解が示されている[19]。

　また，個人データを秘密分散で分割した場合に，分割したデータが個

19　e-govパブリック・コメント「個人情報の保護に関する法律についてのガイドライン（通則編，外国にある第三者への提供編，第三者提供時の確認・記録義務編及び匿名加工情報編）の一部を改正する告示」等に関する意見募集の結果について　別紙2−1

人データに該当するかについても明確な見解が示されていない。複数の企業が秘密分散を利用した秘密計算を行うケースで，企業間の分割データの提供が個人データの第三者提供に該当すると判断される場合は，企業は個人から第三者提供に関する同意を取得する必要があり，秘密計算の実用化に向けた妨げとなる。

②　今後の展望

　秘密計算は，プライバシー保護とデータ利活用を両立させるための技術であり，単に個人のプライバシーを守るだけではなく，企業間で機密性の高いデータを安全に提供し合うことで，ビジネスや社会の課題解決に寄与する。卓越した技術力を持つ企業が秘密計算の実用化に向けて注力しており，秘密計算を活用したサービスや開発環境が整備されていくことが予想されている。今後，暗号化と同じように，秘密計算の採用を促進する法制度が整備されれば，より多くの企業に採用が広がっていくものと期待される。

おわりに

　いつ頃からだろうか，ある業界に革新的な技術やソリューションが台頭し，市場構造に大きな変化をもたらし出すと，それは○○Techと呼ばれるようになり，金融サービスのFinTech，人事業務のHRTechなど，枚挙にいとまがないほどである。その中にあって，PrivacyTech（プライバシーテック）は，個人情報・パーソナルデータ活用を進める企業にとっては，不可欠な技術・ソリューションであるにもかかわらず，未だ日本ではあまり知られていないマイナーな存在に留まっている。

　その一番の理由は，日本では，個人情報保護・プライバシー保護に係る法定の義務が，欧米ほどには厳しくなく，ソリューションを必要とするまでには，業務がひっ迫していないからと考えられる。実際に，プライバシーテックの普及が加速したのは，欧州でGDPRが成立した2016年以降であり，その厳しい規律に対応するため，欧米企業はプライバシーガバナンスの構築に取り組み，その延長でテック活用に至ったのである。

　一方で，法定の義務はなくとも，自主的にプライバシーガバナンスの構築に取り組む日本企業は少なくない。国のガイドブックやツールキット公表等の支援施策の後押しもあり，着実な増加傾向にある。こうしてプライバシーガバナンスの構築・運用を進めていると，間もなく，業務量が雪だるま式に増加し，テック活用の必要性を認識することになる。また，ガバナンス構築のとば口に立ったばかりの企業であったとしても，やがて必要となるテック活用を予見することであろう。

　本書は，プライバシーガバナンス構築に奮闘するビジネスパーソンに向けて，その負担を軽減し，日々の業務をより意義あるものとすべく，プライバシーテックの活用により，どのように業務を効率化・高度化していくのかを，豊富な図表を用いて，初心者でもわかるように平易な言

葉で解説した。本書が，読者のお役に立つことを願ってやまない。

　本書の執筆にあたって，さまざまに協力いただいたonetrust社に感謝申し上げる。また，事例掲載に快く応じていただいた㈱ロイヤリティマーケティング，㈱プライバシーテック，あいおいニッセイ同和損害保険㈱，㈱LayerX，匿名希望の不動産会社，電機メーカーの皆様には深くお礼を申し上げる。そして，執筆を陰ながら支えてくれた入江加奈子氏にはこの場を借りてお礼をいいたい。

　2023年12月

著者一同

【編著者紹介】

小林慎太郎

野村総合研究所　ICT・コンテンツ産業コンサルティング部パブリックポリシーグループ
グループマネージャー
専門はICT公共政策・経営。官公庁や情報・通信業界における調査・コンサルティングに
従事。情報流通が活発でありながら，みんなが安心して暮らせる社会にするための仕組み
を探求している。総務省・経済産業省「企業のプライバシーガバナンスモデル検討会」構
成員。

芦田　萌子

野村総合研究所　ICT・コンテンツ産業コンサルティング部パブリックポリシーグループ
シニアコンサルタント
専門は，プライバシーテック導入を含むデータ利活用支援，情報アクセシビリティ政策。
ICT技術の利活用促進に向けた調査・コンサルティングに従事。

伊藤　大紀

野村総合研究所　aslead事業部　シニアテクニカルエンジニア
プライバシーガバナンス構築支援（ツール導入に向けた要件定義・環境設計が中心）を行っ
ており，システム設計・構築・運用に関する様々な案件に従事。

【著者紹介】

尾張　恵美

野村総合研究所　ICT・コンテンツ産業コンサルティング部パブリックポリシーグループ
コンサルタント
専門は，データ関連の公共政策，特にプライバシー保護やデジタルプラットフォーム規制
に関する国内外の制度や政策の調査・研究に従事。

金山　貴泰

野村総合研究所　aslead事業部　シニアアカウントマネージャー
SaaSサービスの事業企画から導入までを担当。プライバシーガバナンス製品を中心に様々
なSaaSサービスの導入に従事。

小山　雄斗

野村総合研究所　aslead事業部　テクニカルエンジニア
プライバシーガバナンスの機能開発を担当。UI/UXデザインを専門とし，新規サービスの
立ち上げから保守・運用まで幅広いシステム構築に従事。

中居　捷俊

野村総合研究所　ICT・コンテンツ産業コンサルティング部パブリックポリシーグループ
コンサルタント
専門は，プライバシーガバナンス構築支援（組織・業務設計，プライバシーテック活用が
中心）。通信・物流業界等において，調査・コンサルティングに従事。

畠中　　翔

野村総合研究所　aslead事業部　グループマネージャー
専門は，プライバシーガバナンスや生産性向上を目的としたソリューションの開発。
システム設計・構築・運用に関する豊富な実績と知見を有する。

プライバシーテックのすべて──入門から活用まで

2024年3月5日　第1版第1刷発行

編著者　小　林　慎太郎
　　　　芦　田　萌　子
　　　　伊　藤　大　紀
発行者　山　本　　　継
発行所　㈱中　央　経　済　社
発売元　㈱中央経済グループ
　　　　パ　ブ　リ　ッ　シ　ン　グ

〒101-0051　東京都千代田区神田神保町1-35
電話　03 (3293) 3371 (編集代表)
　　　03 (3293) 3381 (営業代表)
https://www.chuokeizai.co.jp
印刷／昭和情報プロセス㈱
製本／㈲井上製本所

©2024
Printed in Japan

＊頁の「欠落」や「順序違い」などがありましたらお取り替えいたしま
　すので発売元までご送付ください。(送料小社負担)
ISBN978-4-502-49071-2　C3032